Adolf Wilbrandt

Die Maler

Lustspiel in drei Aufzügen

Adolf Wilbrandt

Die Maler
Lustspiel in drei Aufzügen

ISBN/EAN: 9783743696785

Hergestellt in Europa, USA, Kanada, Australien, Japan

Cover: Foto ©Thomas Meinert / pixelio.de

Weitere Bücher finden Sie auf **www.hansebooks.com**

Die Maler.

Lustspiel in drei Aufzügen

von

Adolf Wilbrandt.

Wien 1872.

Verlag von L. Rosner,
Tuchlauben Nr. 22.

Der Verfasser wahrt sich und seinen Erben alle ihm gesetzlich zustehenden Rechte.

Dem Maler

Johannes Kugler

in

alter brüderlicher Freundschaft zugeeignet.

Personen.

Oswald, Maler.
Werner,
Simson,   } Maler, Oswald's Freunde.
Mockert, genannt Plato,
Sandberg, Bankier.
Blume.
Frau von Willnitz.
Leonore von Seefeld, deren Tochter, Wittwe.
Else, Werner's Schwester.
Müller, genannt Ubique, Hausmeister der Maler.
Gerichtsvollzieher.
Gensdarm.

    Zwei junge Mädchen. Ein Farbenreiber.

Erster Aufzug.

Oswald's Atelier. Skizzen an den Wänden; alterthümliche Geräthschaften, Staffeleien, eine Gelenkpuppe, alte Stühle; Bilder und Goldrahmen hier und da aus der Hand gestellt. Links ein Tisch, mit Waschbecken, Pinseln, Farben, Mal=Lumpen, Büchern, einem alten Dolch. Ein Spiegel. Nicht weit von der Coulisse eine bewegliche spanische Wand. Thüren rechts und im Hintergrunde; vor der letzteren ein dunkler Vorhang oder — wo möglich — ein alter Gobelin. Das große Fenster ist links gedacht, etwa durch einen Mauervorsprung verdeckt; ein anderes, niederes, durch Läden verschlossen, rechts.

Erster Auftritt.

Oswald (in häuslichem Sammtrock, ein Buch in der Hand, liegt in einem Lehnstuhl und schläft; später) der Hausmeister **Ubique**, **Werner**, **Simson**, **Plato**. (Man hört lautes Klopfen hinten an der Thür. Oswald bewegt sich, läßt dabei das Buch fallen, doch ohne zu erwachen. Das Klopfen wiederholt sich.)

Ubique
(von rechts durch die offene Thür eintretend, in Hausschuhen und abgetragenem, etwas phantastischem Kostüm).

Er hört nicht! — Da liegt er wieder und schläft.

Werner (draußen).

Oswald!

Ubique.

Das ist Herrn Werner's Baß. — Komme schon! (Schlägt hinten den Vorhang zurück, schließt die Thür auf.)

Werner
(mit Simson und Plato eintretend, alle im Atelier=Rock, Plato und Werner in Hausschuhen).

Seit wann schließt man sich hier ein? (mit einem Blick auf die spanische Wand) Haben wir Modell?

Ubique.

O nein, Herr Werner; durchaus nicht. Wir arbeiten heute nicht.

Werner (Oswald weckend).

Oswald! Junge, du schläfst? Nachmittags um drei sperrst du deine Zelle ab, um schlafen zu gehn?

Oswald.

Guten Tag, Alter! — Gott erleuchte dich, Simson! — Ich hatte den Schlüssel herumgedreht, um mich nicht stören zu lassen; und über dem Sitzen und Sinnen bin ich dann eingeschlafen.

Ubique.

Weil er Nachts nicht schläft, Herr Werner; weil er Nachts nicht schläft! Eine Nacht wie die andre! Von neun bis zwei geht er in den Karneval, von zwei bis acht geh er ins Bett, läßt sein Licht brennen und liest. Jeden Morgen find' ich (mit Geberde) so 'nen Stumpf auf dem Leuchter! (nach den Büchern auf dem Tische deutend) Mit der Leihbibliothek sind wir bald durch; wir müssen uns eine neue schreiben lassen.

Oswald (gähnend).

Kinder, ihr kommt offenbar von der Arbeit: ihr riecht frisch nach Palette.

Werner (an eine der Staffeleien tretend).

Wir kriechen eben aus unsern Nachbarhöhlen hervor, wollten dein neues Bild — (Oswald schüttelt den Kopf.) Nichts gemacht? — Gar nichts? — Hm! Du wirst ja faul, lieber Oswald.

Simson (phlegmatisch).

Gehn Sie mal hinaus, Ubique! (Ubique wieder in das Zimmer rechts.) Er wird ja allemal faul, wenn er verliebt ist. — Aber seht, wie malerisch er aussieht. Bleich, brennende Augen, reizende Verwirrung der Perrücke! Das Bild der Liebe, — bei Sonnenuntergang.

Werner.

Oder des Karnevals — am Morgen.

Plato.

Oder der Faulheit — zu allen Tageszeiten.

Oswald.

Seid ihr bald fertig, ihr mitleidigen Freunde Hiob's? — Wenn nicht, so fahrt fort; ich sitze euch Modell. (Setzt sich wieder.)

Werner.

Nein, Oswald, im Ernst! Ich, der Aelteste unter uns, ich muß einmal mit dir reden. (Räuspert sich.) Seit einer Woche etwa —

Oswald.

Was ist seit einer Woche?

Werner.

Seit einer Woche etwa gehst du uns höchst sonderbar und mit Aufbietung vielen Scharfsinns aus dem Wege. (wie nebenbei) Eine Woche ist's ja wohl auch her, daß du das Portrait der schönen Wittwe da gegenüber malst (indem er aufs Fenster blickt) — wie heißt sie doch?

Oswald (mit mattem Lächeln).

Der liebe, unschuldige Werner! Er fragt wie ein Sokrates.

Werner.

Laura, oder Lotte —

Simson.

Leonore von Seefeld. Wunderbares Fell!

Oswald (wie oben).

Der große Fleischmaler Simson weiß auch ihren N a m e n.

Werner.

Oswald! Grad' heraus! Ob du in diese Nachbarin und Wittwe verliebt bist oder nicht — ob du um ihrer schönen Augen willen ihren Bräutigam ermordest oder nicht — das ist deine Sache. Aber ob wir dich dabei verlieren, — das ist u n s r e Sache! Teufel auch —! Seit zehn Jahren leben wir, du und ich, und meine kleine Schwester

Else dazu, wie drei Brüder mitsammen; ich hab' euch beide erzogen, ihr Nestquaks ihr; im Schweiß meines Angesichts hab' ich euch bevatert, euch mir über den Kopf wachsen lassen; — und nun sitzt hier ein Mensch von vier- oder sechsundzwanzig Jahren, der sich Nachts ohne mich betrinken will? Und weil er in eine langlockige, kokette Wittwe verliebt ist, will er anfangen, seinen Vater zu hassen?

Oswald.

Bist du fertig, Werner? (Steht auf, streicht ihm die Stirn glatt.) Wenn du wieder einmal eine Rede hältst, Alter, so zieh die Stirn nicht so kraus: das ist unästhetisch.

Werner.

Ist das deine ganze Antwort?

Oswald.

Die Familie Werner hat einen dämonischen Hang, sich zu entstellen: deine Schwester zerknittert ihr Gesicht grade so wie du. (sieht sich um) Wo ist sie? Warum habt ihr die „kluge Else" nicht mitgebracht, mir auch ins Gewissen zu reden?

Werner.

Die! Die fängt a u c h an, mir Vatersorgen [zu machen; sie wird sonderbar. Sonst malten wir beide in unserm Atelier da oben friedlich zusammen; den ganzen Tag sang sie, — schwatzte, malte, pfiff, summte und sang. Was thut sie jetzt? Mit einem Riesen-Carton schließt sie sich in ihrer Kammer ein, arbeitet da stumm wie das Grab, läßt ihren leiblichen Bruder nicht sehn, was sie macht; und wenn sie herauskommt, schaut sie mich durch ihre Brille mit ein paar so hieroglyphischen Augen an, als wäre sie ein Rebus und ich sollt' ihn errathen.

Simson (phlegmatisch).

Ich denke, dieser Rebus ist leicht! Sie componirt wieder ein schlechtes Bild, und das macht sie glücklich.

Oswald (träumerisch vor sich hin starrend).

Es muß eine Seligkeit sein, so schlechte Bilder zu malen! — Ich hab' einmal eine Tochter Jephtha's gemacht, als ich zur Akademie

ging: Jephtha's jungfräuliche Tochter in der Mitte, auf einer
gothischen Bergspitze, schneeweiß gekleidet, die Arme wie ein Wegweiser
tragisch ausbreitend; zwanzig bis dreißig klagende Jungfrauen in Lack=
farben hinter ihr her, ganz zuletzt eine Palme. Der Himmel blau,
von einer gräßlichen Heiterkeit, — des Kontrastes wegen. Ganz links,
oben, eine kleine zerflatternde Wolke aus Kremserweiß. Es war ein
Bild, wie von Klopstock ausgedacht und von unserm Hausmeister
gemalt; — aber ich schwitzte vor Seligkeit! Ich hatte nur die Angst,
ob die Ewigkeit lang genug sein würde, um den Ruhm dieses Werkes
und seines Meisters zu fassen.

Werner.

Und jetzt bist du so faul!

Oswald (in sich versinkend).

Und jetzt bin ich so faul!

Else (draußen, klopft stark).

Oswald! Bist du zu Haus?

Oswald.

Ah! Das ist unser fünfter Kamerad. — Else, wo kommst
du her?

Zweiter Auftritt.

Die Vorigen (ohne Ubique), **Else.**

Else

(tritt von hinten ein; in einem alten, unmodischen Mantel und einem unkleidsamen Hut, der
ihr unordentlich auf dem nüchtern weggestrichenen Haar sitzt; dazu eine auffallende Brille).

Erst muß ich einmal lachen: Hahaha! — Und noch einmal:
Hahaha!

Oswald.

Und das thust du mit diesem ernsthaften Gesicht?

Else.

'S ist eigentlich zum Lachen und zum Weinen zugleich! (Wirft Mantel und Hut an einem Stuhl vorbei auf die Erde, wird nun in einem unvortheilhaft geschnittenen grauen Kleide sichtbar, das ihre Gestalt entstellt.). Ich war nur drei Schritte von hier, — auf dem Kunstverein. Oswald, dein pseudonymes Bild! Das du unter dem schönen Namen Friedrich Müller ausgestellt hast — (mit drolligem Ernst) weil der Meister Oswald doch selber fühlte, er hätt' es sollen etwas be s s e r machen. Dieses Bild —!

Oswald.

Nun, was ist mit dem Bild?

Else.

Heut haben sie's im Kunstverein aufgehängt, im zweiten Saal; „Friedrich Müller" steht mit herrlichen, großen Buchstaben darunter. Und Hunderte von herrlichen, großen Kunstkennern davor! Männlichen, weiblichen und sächlichen Geschlechts —

Simson.

Sächlichen?

Else (mit humoristischer Selbstverspottung).

Damit mein' ich m i c h; denn ich stand auch dabei, hörte zu, was sie sprachen. Und sie nickten sehr bedeutend mit den breiten Köpfen, mit furchtbar ernsthaften Gesichtern, krochen an dem Bild entlang von einer Ecke zur andern, nickten wieder, doch noch viel, viel bedeutender, daß ich dachte: o Gott, sie überleben es nicht — und murmelten durcheinander: Das ist einmal ein Bild! Das ist durchdacht, — von einem denkenden Künstler! Da ist Idee, das ist zeitgemäß, da ist schlagende Wirkung! — Und der innige Pinselstrich — so ächt deutsch — sagte so ein kleines, süßes Männchen; ward aber hinterdrein roth, daß er etwas gesagt hatte. Doch der Bedeutendste von allen reckte sich, schob seine goldne Brille und sprach: „Ich schätze den Oswald sehr — aber d a s kann er nicht machen!"

Oswald (lächelnd).

Leider hat er's gekonnt!

Elſe.

Da ſtimmten ſie alle mit ein, nickten und lächelten, bis zum Platzen bedeutend. Ich mußte mir mein Taſchentuch vor den Mund drücken, um nicht auszupruſten; lief dann die Treppe hinunter und lachte laut wie ein Krokodil. Doch — auf der Straße lachte ich ſchon nicht mehr. (ſich ſetzend) Lieber Gott! ſind wir denn alle ſo dumm? (nachdenklich) Ich, Elſe Werner, die ich mich über dieſe Anderen luſtig mache, bin ich auch ſo ein blindes Huhn — vor meiner eigenen Kunſt?

Plato (elegiſch).

Wir ſind alle ſterblich.

Elſe.

Mockert der Wehmüthige, genannt Plato, ſagt's. (ſpringt auf) Oswald! Ich muß dich heut einmal um eine Gnade bitten. Um ein chriſtliches Bruderwerk. Willſt du mir die Liebe thun — und ihr alle mit — mein neues Bild zu begutachten?

Oswald.

Den geheimnißvollen Carton?

Elſe.

Ja, dieſen Carton; eine Kohlenzeichnung von unheimlicher Größe. Wollt ihr mir mein Werk mit der Offenheit eines Scharf=
richters beurtheilen?

Oswald.

Wie vor Gottes Thron! — Will Einer dieſes Geſchöpf herunterholen? Plato, du biſt der Jüngſte.

Werner.

Ich gehe mit; — gieb mir den Schlüſſel, Kind! Einer trägt's nicht allein.

Elſe.

Und drei beſſer als zwei! Auf der engen Treppe. (bittend) Simſon, gehen Sie mit! Faſſen Sie mit an!

Simson.

Gut; aber dann fürchten Sie meine Kritik! (Mit Werner und Plato hinaus.)

Dritter Auftritt.

Oswald, Else; später Werner, Plato, Simson.

Oswald

(während Else neugierig umherspäht und einige der umgekehrt dastehenden Bilder herumdreht)

Ich bin neugierig, Else! — Du hast sehr fleißig gearbeitet?

Else.

Wie ein Biber! (für sich) Das muß sie sein. (Hat auf der Staffelei ein Bild enthüllt, das durch ein anderes verdeckt war, betrachtet es aufmerksam.) Hm! Das soll offenbar diese Leonore vorstellen, die du jetzt portraitirst.

Oswald.

Ganz offenbar. Wie gefällt's dir?

Else.

Es ist — famos. Aber mir gefällt's nicht.

Oswald.

Warum?

Else (sieht ihn ehrlich an).

Weil es mir zu famos ist. Lauter Effekt! Da wir uns ja immer unsre brüderliche Meinung sagen (Oswald nickt): du hast sonst feiner gemalt, Oswald. Natürlicher — unschuldiger.

Oswald (seufzend).

Es mag wohl sein! Die kluge Else hat Recht.

Else (ruhig).

Vielleicht kommt es daher, weil du in das Original verliebt bist.

Oswald.

Das wird's wohl sein! — Ich muß dir endlich beichten, Else: ich bin rasend verliebt. Zum Ketten-Anlegen! — Doch du kennst das nicht, du verstehst das nicht.

Else (lächelnd).

Nein: ich gehöre ja zum sächlichen Geschlecht! — — Du warst schon oft verliebt, mein lieber Oswald, hast dich immer wieder erholt. (auf sein Herz deutend) Brennt die alte Kohle da diesmal heißer als sonst?

Oswald (mit innerer Qual).

Ach, es ist lächerlich, davon zu reden. Sie ist so verführerisch schön — so ein rechter tizianischer Teufel!

Else
(wieder das Bild betrachtend, entzückt).

Freilich ist sie schön; wunderbar schön. Beinahe verlieb' ich mich selbst! — Aber sie ist ja wohl noch etwas: sie ist Braut.

Oswald.

Denkst du, das sag' ich mir nicht? (nimmt ihre beiden Hände) Else! Kind, Kind! Könntest du begreifen, wie ich leide! — Wozu bist du meine kleine, kluge, weise Beichtschwester gewesen bis auf diesen Tag, wenn du mir mit all deinem Kopf und Herzen doch nicht helfen kannst, auch nur auf eine Stunde dieses Weib zu vergessen!

Else.

Meinst du? — Ich versuch's. (ihren Arm in den seinen legend, herzlich) Oswald! Ich hab' ja kein andres Glück auf der Welt, als wenn ich euch glücklich sehe — meinen Bruder und dich. Ich weiß nicht, ob es in der Naturgeschichte vorkommt, daß drei Austern in Einer Schale leben; aber ich denke immer, wir Drei sind so eine Rarität. Auf meinen Bruder bin ich stolz, weil er so brav und gut ist; aber auf dich bin ich eitel — weil du mehr kannst, als sie alle! Seht, sollen die Leute sagen, das ist Else Werner: dieses kümmerliche, garstige, vernachlässigte Geschöpf, - diese graue Motte; aber der große, schöne Maler Oswald ist ja wohl ein Dutzbruder von ihr!

Oswald.

Närrin du!

Else.

Oswald — schau! Weil ich so eitel auf dich bin, darum wurmt's mich entsetzlich, wenn ich dich abnehmen sehe. Wenn du schlechtere Bilder malst — verzeih! — weil die schönen Evastöchter dir das Herz zerreißen und die Gedanken verwirren. (da Oswald sie unterbrechen will) Du mußt dich von Zeit zu Zeit verlieben: Gott, das weiß ich ja. Das liegt nun in deinem Blut! Du wärst ja auch nicht der Oswald, wenn dir die Schönheit nicht zu Herzen ginge. Aber so kläglich tragisch: (wieder das Bild betrachtend) du, der fiebernde Komet, und diese kalte Sonne! Du, der arme Teufel, und die Braut eines Millionärs!

Oswald.

Diese kalte Sonne! — Wer sagt dir das?

Else.

Dieses Bild. Du malst sie und siehst es nicht? Lieber Oswald, so ist ja dein Pinsel klüger als du! In diese Augen, um diesen Mund hast du's ja selber geschrieben, daß sie sich eines Millionärs erbarmen mußte, weil sie ohne Equipage und Brillanten wie ein Vogel ohne Federn ist; daß man vor dieser schönen Sonne entweder schwitzt oder friert — aber warm macht sie nicht.

Oswald (mühsam lächelnd).

Es muß ein geistreicher, großer Pinsel sein, der dir das alles verräth!

Else (tritt vor ihn hin).

Oswald! Kind, sieh mich an. Ich glaube, ich wüßte ein unfehlbares Recept, um sich von der Kälte dieser Sonne zu überzeugen.

Oswald.

Bist du wieder die „kluge Else"? — Wie lautet denn dies Recept? „Man nehme —"

Else.

Man nehme einen Schelm, leg' ihn sich auf die Zunge, und lüge vor den Augen dieser schönen Sonne mehr Liebe zusammen, als ein Dutzend Romeo's und ein Schock Leander's gefühlt hat. Und nachdem man ihr sein Herz, seine Hand und seine Schulden zu Füßen gelegt, lege man seine ganze werthe Person auf die Kniee; — und wenn sie dich dann nicht triumphirend liegen läßt und sagt (nachahmend): „mein armer Freund! stehn Sie auf! Gott hat es anders gewollt" — (gleichsam bei Seite sprechend) „indem er einen Millionär für mich ausfindig machte" — so will ich weder männlich, weiblich, noch sächlich sein, sondern ein Ding, das es nicht giebt!

Oswald (vor sich hin starrend).

Glaubst du wirklich?

Else.

Wenn du ein Mann bist, versuch's! (Stimmen draußen.) Horch: da schleppen sie endlich mein Ungeheuer heran. Oswald! ich habe dir mit schöner Offenheit meine Meinung gesagt und meine Weisheit gespendet; willst du nun ebenso erbarmungslos meine „Tochter Jephtha's" verdammen?

Oswald (betroffen).

„Tochter Jephtha's"? Wie?

Else.

Ja, ja!

Werner
(schleppt mit Plato und Simson einen großen, auf einen Rahmen gespannten Carton herein; stellt ihn so auf, daß er, gegen eine Staffelei und einen Stuhl gelehnt, in der Mitte frei gegen die Luft steht. Mit tragischem Humor).

Da haben wir ihn. Oswald, sieh nicht her! Sie hat nichts Böses gewollt!

Else (bestürzt, sucht zu lächeln).

Gott im Himmel — diese Entschuldigung ist tödtlich. (sieht die Andern verlegen fragend an) Nun? — Simson!

Simson
(tritt mit sehr ernstem Gesicht vor das Bild; nach einer Pause).

Hm! (Setzt sich.)

Else (immer verlegener).

Plato!

Plato
(thut desgleichen; wendet sich endlich schweigend ab und setzt sich am andern Ende des Zimmers).

Else (vor sich hin).

Es scheint, Freude macht's ihnen nicht! — — Du, Bruder? Nun —?

Werner
(tritt vor das Bild, hustet, schnaubt sich die Nase; nach langer Pause).

Ja ja! (Setzt sich.)

Else (mit verzweifeltem Humor).

So — jetzt fehlt nur noch Oswald! (Blickt ihn fragend an.)

Oswald
(tritt vor das Bild, nickt tragisch mit dem Kopf).

Es ist meine „Tochter Jephtha's", so wahr ich lebe!

Else (mit ihrer Verlegenheit kämpfend).

Ich hatte einmal eine ähnliche Skizze bei dir gesehen; eine Farbenskizze. Und weil mich die so sehr anregte —

Werner (mitleidig).

Anregte! Großer Gott!

Else (nach einer Pause).

Du scheinst nichts zu sagen, Oswald; wenigstens hör' ich nichts. Hab' ich Unsinn gemacht, so sag' mir's: so benütze ich das Papier zum Einpacken — oder zum Heizen. (kleinlaut) Diese Tochter Jephtha's hätte wohl nie bis auf diese Bergspitze hinaufkommen sollen?

Oswald.

Nein; das war ihr Unglück. Das hätte sie nicht.

Else.

Also — was thut man mit ihr?

Oswald.

Man opfert sie! (liebenswürdig) Soll ich sie opfern, Else? Soll ich ihre Leiden verkürzen?

Else (sieht ihn groß an).

Wie meinst du —?

Oswald.

Soll ich ihr Jephtha sein?

Else (zögernd, nickt).

Gut! Nur zu!

Oswald (drückt ihr die Hand).

„Und er that ihr, wie er gelobet hatte" — (Tritt etwas zurück, springt dann mit einem lustigen Satz mitten durch den Carton.) Kameraden, mir nach!

Werner (steht auf).

Halloh! — Das ist Rettung, Else! (Springt hinterdrein.)

Simson.

Hie Jephtha — hie Simson! Wer kein Philister ist, mir nach! (Springt.)

Plato
(sich etwas schüchtern zu Else wendend).

Darf ich auch —?

Else (mit ausgelassener Lustigkeit).

Philister, nur zu! — Halloh! Springe, wer springen kann! (Läuft hinter Plato drein und springt ihm nach, und drüben den Kameraden in die Arme. Inzwischen wird hinten der Vorhang zurückgeschlagen, und in der offenen Thür erblickt man Frau von Willnitz, Leonore und Sandberg, die befremdet hereinstarren.)

Vierter Auftritt.

Die Vorigen, Leonore von Seefeld, Frau von Willnitz, Sandberg.

Leonore
(mit Locken, gepudertem, bleichem Gesicht, reicher Toilette).

Sieh da, sieh da! — Mein lieber Sandberg, wir kommen zur rechten Zeit: bei Ihrem ersten Besuch weiht man Sie in die bacchantische Stimmung des Atelierlebens ein. Nur — stören wir, fürcht' ich!

Oswald (erregt, für sich).

Leonore — mit ihm! (sucht sich zu fassen) Stören, gnädige Frau? Die Schönheit stört nie; doch am wenigsten hier. (mit versteckt feindlichen Blicken auf Sandberg) Und da Sie mir heute gar die Ehre erweisen, mich mit dem zukünftigen Gemahl bekannt zu machen —

Leonore (unbefangen lächelnd).

Gestern Abend von seiner Reise zurück, heute muß er schon mit, (einen Blick auf ihr Portrait werfend) mich zu meinem zweiten Schöpfer zu begleiten. (stellt vor) Bankier Sandberg, mein Verlobter.

Sandberg
(nicht mehr jung, gepflegt, elegant, in selbstgefälliger Haltung).

Bankier — und Beschützer der Künste. Ich höre viel Gutes von Ihnen, Herr — (verschluckt den Namen); viel Gutes. Offenbar haben Sie Talent. Wenn Sie so fortschreiten — — Warum sprangen Sie alle vorhin so im Zimmer umher?

Oswald (trocken).

Das sind unsre gymnastischen Zimmer-Uebungen; die machen wir alle Tage.

Sandberg (überlegen lächelnd).

Ihr führt ein rechtes Zigeunerleben, Ihr Künstler! (durch seine Lorgnette einen Blick auf die Andern werfend) Lauter Kollegen —

Oswald.

Lauter Zigeuner; gewiß. Hier Herr Simson, Fleischmaler, Kolorist; unser Thiermaler Herr Plato —

Frau von Willnitz (neugierig näher tretend).

Plato, sagen Sie?

Oswald.

Seine Freunde nennen ihn so, weil er an der platonischen Liebe leidet; — der blinde Zufall hatte ihn Mockert getauft. Mein zweiter Vater, Herr Werner —

Simson.

Und die „kluge Else", Tochter der Mutter Werner's, Mutter der Tochter Jephtha's.

Sandberg (zerstreut).

Freut mich sehr; freut mich sehr! — Es ist sonderbar: ein Atelier sieht genau wie das andere aus. — Haben Sie Bilder vorräthig, Herr —? Ich habe meiner Braut versprechen müssen, ihr ein Bild — etwa von dieser Größe — zum Geburtstag zu schenken. Sie hätte gern eins von Ihnen. (Leonore nickt.) Doch wenn nichts vorräthig ist, so bemühen Sie sich nicht; so entschließe ich mich, eins der neuen Kunstvereinsbilder zu kaufen.

Werner
(der mittlerweile mit Simson den Carton bei Seite gestellt hat).

Haben Sie auch das neue, große Bild von — Friedrich Müller gesehn?

Sandberg
(sieht durch seine Lorgnette flüchtig die umherstehenden Skizzen und Bilder an, doch ohne sie wirklich zu betrachten).

Ich? Nein. Aber man hat es mir gerühmt. Es soll einen guten Ton haben. Es soll recht — malerisch sein.

Oswald
(der inzwischen Leonorens Blicke aufgeregt erwidert).

Vielleicht aus dem Grunde, weil es von einem Maler gemalt ist!

Sandberg.

Es scheint, Sie haben hier nichts. (lächelnd) Uebrigens versteht der Herr Friedrich Müller das Geschäft: er macht einen sehr — anständigen Preis! Gott sei Dank, ich kann ein Auge darüber zudrücken — oder auch alle beide. Da steht ja das angefangene Portrait meiner Braut (sieht flüchtig darüber hin). Und wie ich noch sagen wollte — der Rahmen ist hübsch — Wie ich sagen wollte: der Reichthum ist doch ein recht nützlicher Strom, mein Herr, der eine Menge kleinerer Flüsse ernährt — und das ist die Pointe.

Oswald
(mit seiner Aufregung kämpfend).

Sonst behauptet man, daß umgekehrt die kleinen Flüsse den Strom machen! — Doch Gott sei Dank, Sie können ja ein Auge zudrücken, wenn Sie etwas — Unmögliches sagen, — oder auch alle beide.

Leonore (ist herangetreten; leise).

Still! Ich beschwöre Sie —

Oswald (ebenso, bitter).

Warum bringen Sie mir auch diesen — Menschen hierher?

Leonore
(während Sandberg mit Frau von Willnitz andre Bilder betrachtet).

Sie beleidigen mich! — Doch man muß Ihnen verzeihen: Sie leiden; ich seh' es Ihnen ja an. (mit naiver Koketterie) Warum leiden Sie?

Oswald.

Sie haben eine Art, zu fragen —! — Gestern Nachmittag hatten Sie mir versprochen, allein zu kommen; warum kamen Sie nicht?

Leonore.

Warum? — — Wissen Sie denn schon, ob ich's heute nicht thue? (Sie begegnet Else's Augen, die, hier und da beschäftigt, die Beiden behorcht hat, und tritt betroffen zurück.)

Else (für sich).

Was ist das? So weit haben sie's schon gebracht?

Frau von Willnitz (hinten an der Wand).

Für mich giebt es nichts Amüsanteres auf der Welt, als in so 'nem Atelier herumzukriechen! — Sie erlauben, daß ich mir Alles besehe (dreht jede Leinwand herum, läßt mehrere zu Boden fallen; Plato springt zornig hinzu und hebt sie wieder auf). Gott im Himmel, das ist ja Blume's Portrait! Zum Todtlachen ähnlich! Kind, Kind, schau her. Dein alter Anbeter Blume, wie er leibt und lebt; — reizend sentimental!

Leonore (halblaut).

Mutter! was fällt dir ein?

Frau von Willnitz (zu Oswald).

Das ist Ihr Meisterstück! Grade so saß er da und starrte Leonoren ins Gesicht, wenn er ihr zum hundertsten Mal seine Liebe erklärte, und sie ihn ihr Knäuel Garn halten ließ und lachte. Ach, der komische Mensch! — Also Sie kennen ihn auch?

Oswald
(hat inzwischen Pinsel und Palette genommen).

Ich bin mit ihm behaftet. Der gute Mensch hat noch eine zweite unglückliche Leidenschaft: für die Kunst.

Frau von Willnitz.

Ja, die hat er: wenn er nicht von meiner Tochter spricht, spricht er von der Kunst. Gott, und er könnte mit seinem Vermögen das beste Leben haben — aber er ist ein Kind, ein närrischer Idealist. Und so ein anhänglicher Mensch! Wie er uns noch immer nachläuft, sag' ich Ihnen; und wie er um Leonore seufzt und seufzt, seit sie mit Sandberg verlobt ist!

Leonore (leise).

Mutter, bist du still? (laut) Ich werd's ihm verbieten müssen.

Oswald (horchend).

Das hätten Sie nah: denn an dem Pfeifen da draußen — hören Sie! — erkenn' ich ihn nur zu gut. Ein zweistündiges Gespräch über die Kunst ist im Anzuge —

Simson.

Blume kommt? — Rette sich, wer kann! (Eilig, mit flüchtiger Verbeugung gegen die Damen, nach rechts ab; Werner und Plato ihm nach. Else bleibt, scheinbar mit alten farbigen Zeugen beschäftigt, die sie untersucht, Oswald und Leonore beobachtend.)

Fünfter Auftritt.

Oswald, Else, Leonore, Frau v. Willnitz, Sandberg, Blume.

Blume
(tritt trällernd von hinten ein; bricht ab, da er die Gesellschaft sieht, drängt einen Seufzer zurück und nähert sich mit einer Art von tragischer Galanterie).

Ich dachte den Meister allein! Statt dessen find' ich — mein Schicksal.

Leonore.

Wann werden Sie versuchen, mein Freund, Ihres Schicksals Meister zu werden? — Doch gut, daß ich Sie treffe: haben Sie mir den japanischen Fächer besorgt?

Blume.

Ob er besorgt ist, Madonna! Wer für Sie sterben möchte, wird doch wohl für Sie leben. (seufzend) Ja, er ist besorgt.

Leonore.

Ich danke Ihnen! — Uebrigens, sprechen Sie nicht zu viel, mein lieber Blume, stören Sie uns nicht: hier wird gemalt. (zu Oswald) Warum fangen wir noch nicht an?

Oswald
(wirft einen ihr sichtbaren unmuthigen Blick auf die Andern).

Wenn Sie wünschen, gnädige Frau, — ich wäre bereit!

Leonore (für sich).

Soll ich's wagen, mit ihm allein zu sein? (Blickt ihn von der Seite an; wendet sich dann zu Sandberg, der in seiner Brieftasche liest und schreibt.) Lieber Sandberg!

Sandberg (vor sich hin).

Lombarden — faul. Böhmische West-Bahn — — Was giebt's?

Leonore.

Theurer Freund, — der Kunstverein. Die neuen Bilder, die Sie sich ansehen wollten.

Sandberg.

Freilich — der Kunstverein! — Meine theure Leonore, vielleicht wär' es weiser, sich den Gang zu ersparen — und einfach hinzuschicken: „das oder das Bild ist mein".

Leonore (sieht ihn groß an).

Unbesehn? — Ich hoffe, mein Freund, Sie scherzen! — Der Kunstverein ist drei Schritte von hier.

Sandberg
(sieht sie betroffen an; nimmt stumm seinen Hut).

Ich gehe! — Ich werde mir diese bemalten Leinwände — (sich verbessernd) Ich werde es an der nöthigen Kritik nicht fehlen lassen! (Geht nach hinten ab.)

Blume (vor Leonorens Portrait).

Wie das wieder göttlich ist! (seufzend) Ach! — — Ihre letzten Bilder waren mir zu realistisch, mein Lieber; hier ist Geist! hier ist Idealität! — Doch von „Geist" und „Ideen" wollen Sie nicht viel wissen, Sie unverbesserlicher Farben-Mensch; wir werden wieder eine Stunde streiten müssen.

Leonore.

O Himmel, nein! Dazu ist jetzt nicht Zeit. Auch hab' ich eine Commission für Sie, mein lieber Blume, — wenn Sie so gütig sind. Mit Ihrem feinen künstlerischen Geschmack müssen Sie meiner guten Mutter bei einigen Einkäufen für meine Ausstattung helfen! Bei den geschnitzten Möbeln —

Blume (stammelnd).

Für Ihre Ausstattung — ich?

Leonore.

Ja, Sie; auf wessen Geschmack könnt' ich mich besser verlassen? Und eh' es heut dunkel wird —

Frau von Willnitz.

Heute noch?

Leonore.

Morgen ist Feiertag! Bist du meine gute Mutter?

Frau von Willnitz.

Wie schmeichelnd sie bitten kann!

Leonore (nach ihrer Uhr sehend).

Noch ist es Zeit! Mein lieber Blume, nehmen Sie Ihren Hut — nicht den falschen da; Ihren eignen. Ich will einst, wenn ich mich in meinem Hause umsehe, sagen können: das hat Er, dein Freund, für dich gethan!

Blume (in Rührung).

Ja; — dies ist mein Hut. Ja, ich gehe sogleich. (für sich, leidend) Ihre Ausstattung — für einen Andern! — — Aber sie weiß, was sie an mir hat. Sie weiß — sie — (laut, sich fassend) Ich gehe!

Frau von Willnitz (leise).

Leonore! Ich soll dich **allein** lassen? mit **ihm**? — Die Welt —!

Leonore (ungeduldig).

Die Welt! — Ich weiß, was ich thue. (laut) Auf Wiedersehn **morgen**, mein Freund!

Blume (einen Seufzer bekämpfend).

Auf Wiedersehn! — Meister, leben Sie wohl. (Bietet Frau von Willnitz den Arm; Beide nach hinten ab.)

Else (für sich).

Sie wollen allein sein, merk' ich. Ich bin ihnen im Wege; also muß ich gehn. (zu Leonore gewandt, doch für sich) Leben Sie wohl, kalte

Sonne! (leise) Oswald! Das Recept! (Verneigt sich sehr würdevoll und kalt gegen Leonore; dann nach hinten ab.)

Sechster Auftritt.

Oswald, Leonore. (Else später, hinter der Scene.)

Leonore (sich setzend).

Was ist das für ein wundersames Gewächs?

Oswald.

Wer? Dieses Mädchen? — Besser als wir alle — (mit einem glühenden Blick auf Leonore) wenn auch ein Finger von Ihnen schöner ist als ihre ganze Person.

Leonore.

Wie heißt das Verhältniß, in dem Sie zu diesem Mädchen stehn?

Oswald (malend).

Daß — sie für mich keines ist. Ihr Bruder zog sie wie einen Knaben auf; sie wußte stets, daß sie nicht reizend sei, sie wollte nichts, als Unseresgleichen sein und für die Kunst mit uns leben. Die Natur schafft aus Humor Ausnahmen, sagt sie, und ich bin so eine — — (plötzlich) Doch das ist nichts. Ich kann nicht so stehn und schwatzen, als wären Sie nichts als ein Farbenspiel der Natur, das ich abmalen soll. Leonore! Diesem Menschen Ihre Hand zu geben — diesem Nichts!

Leonore.

Wollen Sie mich aus dem Zimmer treiben, oder was wollen Sie? — Hab' ich Ihnen dazu diese Stunde geschenkt, um mich beleidigen zu lassen? — Doch reden Sie nur; beleidigen Sie nur sofort; Sie wissen, daß ich — gutmüthig gegen Sie bin! Sie wissen, ich — liebe die Künstler, halte ihnen mehr zu gut, als andern Menschen —

Oswald.

Leonore! Warum haben Sie sich mit diesem Menschen verlobt?

Leonore.

Sie sind naiv, mein Freund. Ich sollte kein Wort darauf antworten! — Wenn ein sterbender Ehgemahl seiner jungen Witwe nichts hinterläßt als den Namen; wenn sie in die Abhängigkeit von einer engherzigen Mutter, in eine öde, abgeschmackte Existenz zurückfällt; wenn sie diese Existenz nicht ertragen kann — nun, was wird sie thun? Einen Anbeter erhören, der ihr wenigstens einen g o l d e n e n Käfig anbietet —

Oswald.

Nein, Leonore! Wenn Sie nicht blos mit mir spielen, weil es Sie unterhält; wenn all Ihre Wärme für die Kunst und — die Künstler nicht ein glitzernder Schein ist, — so kann Ihrer freien Seele vor diesem goldnen Käfig nur schaudern! So können Sie sich nur sagen: lieber den edlen Kampf mit dem Dasein auf mich nehmen und meinen Göttern treu sein, als für ein Linsengericht mein ganzes Menschthum verkaufen!

Leonore (elegisch).

Ach — Sie schwärmen, mein Freund! Sie sind ein Künstler, ein Genie; Sie kennen die Welt nicht. Es ist eine klägliche Welt! Wer nicht ein Stück von sich verkauft, kann den Rest nicht retten. (zärtlich) Hier hab' ich Ihre Hand; lieber, lieber Freund! Bleiben Sie mir treu — wenn ich unglücklich bin! Sie sind mir die Kunst — das Ideal — alles Schöne und Große. Lassen Sie mir die holde, warme Sonne Ihrer — Freundschaft in meinen Käfig scheinen, (melancholisch lächelnd, wie in tiefster Rührung) so will ich arme Gefangene zufrieden sein und die freien Lerchen nicht beneiden!

Oswald
(gerührt, über ihre Hand gebeugt).

Leonore, Sie unglücklich! — — Was machen Sie aus mir! Einen Sklaven — einen armen Vogel, den Sie an der Kette halten —

Else
(singt draußen, in einem drollig feierlichen Recitativ).

Recept! Recipe!
Recipe! Recept!

Leonore.

Was giebt's? — Was ist das für ein sonderbarer Gesang?

Oswald (etwas verwirrt).

Die „kluge Else". Sie singt offenbar auf der Treppe.

Leonore.

Warum regt Sie das auf? — Was singt sie?

Oswald.

„Recipe! Recept!"

Leonore (kalt).

Ein sehr geistreicher Text.

Else (draußen, wie oben).

Man nehme einen Schelm,
Leg' ihn sich auf die Zunge!
Recipe! Recept! (Die Stimme verhallt, sich entfernend.)

Leonore (mit kühlem Lächeln).

Sie horchen ja wunderbar andächtig. Es scheint, Sie vergessen über dieser — Treppen=Musik ganz, wo Sie sind. (Wendet sich ab, blickt in den Spiegel.)

Oswald.

O nein; keineswegs! (für sich, aufgeregt) Wie sie dasteht, ein schönes Räthsel — ein kalter Magnet. — Bei Gott, ich versuch's einmal mit Else's Recept!

Leonore.

Sie malen ja nicht. Sie nehmen ja nicht die Palette.

Oswald.

Nein. Ich kann nicht, Leonore, — eh ich nicht weiß, wie es in Wahrheit zwischen uns steht — zwischen Ihnen und mir!

Leonore.

Was wollen Sie noch?

Oswald.

Leonore — (sich an die Brust greifend) mein Herz —!

Leonore.

Was heißt das? Ihr Herz hat schöne, goldne Worte, mein Freund; Künstlerworte. Sie erlauben, daß ich Ihr Herz so lange nicht bemitleide, als ich an seine galvanischen Zuckungen nicht zu glauben vermag!

Oswald.

Spotten Sie meines Gefühls? — Was für Beweise verlangen Sie, um zu glauben, daß man durch Sie leidet?

Leonore.

Ich will Ihnen etwas sagen, mein Freund! Das Herz von euch genialen Menschen ist in der Regel nichts als ein unartiges, verzogenes Kind, das man mit Zuckerbrod hätschelt — mit dem Zuckerbrod der Verliebtheit. Daran übereßt es sich dann, und wenn's davon krank wird, schwört es, daß es leide! — An solche Herzchen verschwend' ich mein Mitleid nicht. (Steht auf.) Ich will Feuer, Leidenschaft — einen Vulkan! Wenn ich einmal einen Menschen fände, der — der **wahrhaft glühen** könnte; der die Romane wahr machte — den man fürchten müßte, wie man ein Erdbeben fürchtet — vor so Einem wär' ich in Gefahr, und in seinen Händen würd' ich, was er wollte!

Oswald.

Leonore! Ich weiß nicht, ob ich so ein Vulkan, so ein Erdbeben bin; — aber ein **Mensch** bin ich, und ich bete Sie an. (sinkt vor ihr aufs Knie) Hier leg' ich Ihnen den ganzen Oswald zu Füßen; — wenn Sie eine Gefangene, wenn Sie unglücklich sind — sagen Sie sich von Ihrem Mammon-Götzen los, retten Sie sich und mich!

Leonore
(mit naiv triumphirendem Lächeln, für sich).

Wie er da liegt! (laut, mit einem mitleidigen, fast zärtlichen Seufzer) Still; stehn Sie auf; mein armer Freund — (Er will sie an sich ziehn; sie weist ihn plötzlich zurück.) Nicht doch — Die Vorsehung hat über mich beschlossen —

Oswald
(steht auf, blickt sie starr an; mit bittrer Kälte).

Indem sie einen Millionär für Sie ausfindig machte — War's nicht so, Else? (Sie sieht ihm befremdet ins Gesicht. Oswald ausbrechend) Ja bei Gott, so war's! (faßt sich wieder; kalt) Ich bin Ihnen sehr verbunden, gnädige Frau. Dieser Kniefall hatte einen psychologischen Zweck: er sollte mich über die Temperatur Ihrer Seele klarer machen. Der Zweck ist erreicht, und mit Ihrer Erlaubniß nehm' ich nun diesen Kniefall zurück!

Leonore.

Was ist das? So unerhört beleidigen Sie eine Frau —

Oswald (sich mehr und mehr erhitzend).

Was für eine Frau? — Eine stolze Dame, die nur mit Wallungen tändelt, um die leeren Stunden der langen Tage zu füllen! Die mich als Spielzeug gebrauchte, um gelegentlich zu vergessen, daß sie selbst nur das erkaufte Spielzeug eines Andern ist! Die die Herzen in Brand steckt, um sich an dem schönen Schauspiel dieser Feuersbrunst zu weiden — deren Glück es ist, unglücklich zu machen. — Und diese Dame wundert sich noch, daß man sie beleidigt!

Leonore
(vor ihm zurückweichend, doch indem sie ihm aufgeregt bewundernd in die Augen blickt).

Sie sind ja außer sich! Sie — Sie entsetzen mich — (für sich) Doch er sieht aus wie ein Gott! (laut, mit etwas zitternder Stimme) Fahren Sie fort, Sie losgelassener Dämon; werfen Sie mir alle Ihre bösen Worte ins Gesicht — (aufgeregt lächelnd) vernichten Sie mich!

Oswald (wilder).

Reizen Sie mich noch auf? — Ich hab' ein Gefühl für Sie — erlitten, erduldet, das mich aus meiner Bahn riß, das mir meine Tage und meine Nächte verstörte — Blicken Sie mich nicht so herausfordernd an! Ich bin gutherzig wie ein Kind; doch wenn man mich wild macht, kann ich auch so ein Vulkan werden, wie Sie ihn fürchten! Ihre Schönheit — (Er hat einen Stuhl an der Lehne ergriffen, stößt ihn in der Erregung um, so daß er zu Boden fällt; sie fährt zusammen.) Ihre Schönheit ist mir dann kein Heiligthum mehr! Ihr hochfahrendes Lächeln zerdrück' ich in ein furchtsames Zittern — und wenn Sie auch nicht vor mir knieen, wie ich vor Ihnen, so seh' ich doch Ihr ganzes hülfloses Nichts dort am Boden im Staub!

Leonore
(ein wenig zitternd, doch mit immer leidenschaftlicheren Blicken).

Sie zermalmen mich ja; — doch sagen Sie, was Sie wollen — ich höre. Diese abscheuliche Bosheit steht Ihnen gut —

Oswald.

Wie, verhöhnen Sie mich? Sind Sie ebenso unerschütterlich wie Ihr Ebenbild, das mich mit diesen kalten, höhnischen Augen anstarrt — (heftig auf das Bild zu) Weg mit dir! Du wenigstens sollst mir keine Wallung mehr machen — unwahre Larve du, Farben-Betrug! (Schleudert den Sessel vor der Staffelei bei Seite, ergreift den Dolch, der auf dem Tische liegt.) Dich zu widerlegen, giebt's ja wirksame Mittel!

Leonore.

Oswald — sind Sie toll? Sie Rasender —

Oswald.

Das Bild ist noch mein! — Lassen Sie mich! (Stößt mit dem Dolch nach dem Bild.)

Leonore.

Nein, nein! (Sie wirft ihren Arm vor; der Dolch streift ihre Hand. Sie schreit auf.)

Oswald (erschrocken den Dolch fallen lassend).

Leonore! Verwundet! — Das rothe Blut — Ihr Arm!

Leonore
(mit einem heißen Blick auf ihn).

Sie Dämon — — Gestreift; es ist nichts. Hab' ich geschrieen?

Oswald.

Leonore, warum warfen Sie Ihren Arm gegen diesen Dolch?

Leonore.

Warum wollten Sie mich in meinem Bilde tödten?

Siebenter Auftritt.

Die Vorigen, Else, Werner, Plato (reden schon draußen laut durcheinander, treten dann hastig von rechts ein).

Oswald.

Vergeben Sie mir!

Leonore
(erblickt die Andern; mit Betonung).

Ich hab' Ihnen nichts zu vergeben; (leise) Sie verstehn mich — Sie widersprechen mir nicht. (wickelt ein Tuch um die Hand) Es ist der Rede nicht werth.

Else.

Was war das für ein Schrei? — O Himmel, Blut!

Plato.

Blut!

Leonore (lächelnd).

Einen Fingerhut voll. Ich spielte vorwitzig mit diesem alten Dolch; er war spitzer, als ich dachte. (leise, da Oswald ihr ins Wort fallen will) Sie schweigen, oder ich vergebe Ihnen nie! (mit brennenden Augen) Doch geben Sie Acht, wie ich mich dafür räche!

Werner.

Oh! Die Wunde blutet noch, gnädige Frau.

Leonore.

Gut; so geh' ich heim.

Else.

Sie werden blaß! Sie schwanken!

Leonore (matt).

Wirklich? — Daß Einem der elende Schreck noch so nachträglich in die Glieder fährt. (sich bezwingend) Es geht schon vorbei!

Oswald (in Verwirrung).

Soll ich Sie nach Hause führen, gnädige Frau —

Leonore.

Nein; Sie nicht; keiner von den Herren! (liebenswürdig und weich) Sie, liebes Fräulein, geben Sie mir Ihren Arm; nicht wahr, Sie geleiten mich die drei Schritte nach Haus. (Else nickt; nimmt ihren Mantel und Hut. Leonore tritt an Oswald heran; leise) Sie bleiben hier stehn, folgen mir nicht nach. Ich will Ihnen noch etwas zum Abschied sagen, ganz unter uns: (langsam, scheinbar ohne Aufregung) jetzt bin ich in Sie verliebt — und Sie sollen nicht Ruhe vor mir haben, bis ich mich räche! (Sie tritt zurück, verneigt sich gegen die Herren, geht dann an Else's Arm, sich zart aufstützend, hinaus.)

Plato (tritt zu Oswald; halblaut).

Was hat sie gesagt?

Oswald (sich mühsam fassend).

Sie hat mir versichert, daß die Töchter der Eva unberechenbar sind — (seinen Arm auf Plato's Schulter legend) und daß es ein beneidenswerth friedliches Loos ist, Thiere zu malen — — Chamäleons ausgenommen!

(Der Vorhang fällt.)

Zweiter Aufzug.

Oswald's Atelier, wie im ersten Act; dunkel.

Erster Auftritt.

Oswald (tritt mit Hut und Mantel von hinten ein); dann **Ubique**.

Oswald
(noch in der Thür, ruft nach draußen).

Ubique! (tritt ein) Ubique! Ubique! — Der Schurke von einem Hausmeister ist, wie immer, nicht da. (Wirft Hut und Mantel ab, öffnet die Läden des Fensters zur Rechten.) Auch keine Lampe, kein Licht. Die richtige Finsterniß, um sich ganz still mit seiner armen Seele zu besprechen! (Wirft sich in einen Stuhl.) Bei Gott, unsre „kluge Else" braut wunderbare Recepte: den Einen machen sie gesund, die Andere toll! — Und wenn man diesen Gesunden hier aufs Gewissen fragt — so ist er, wie mir's scheint, toller als je!

Ubique
(kommt von rechts, in der einen Hand eine brennende Lampe, die er auf den Tisch stellt, in der andern einen großen Wandkalender).

Guten Abend. Felicissima notte.

Oswald.

Guten Abend, Ubique! Wo haben Sie diese Gelehrsamkeit wieder aufgeschnappt? — Ist Fräulein Werner endlich heimgekommen?

Ubique.

Noch nicht, Signore.

Oswald.

Seit zwei Stunden drüben bei der Frau von Seefeld, und noch nicht zu Haus?

Ubique.

Und darüber wird es Nacht.

Oswald.

Verstehe dieses Räthsel, wer kann! — — Was wollen Sie mit dem Kalender?

Ubique
(tritt damit vor Oswald hin, legt den Finger auf eine Stelle).

Hier!

Oswald.

Was soll das?

Ubique.

Sie machen sich jedes Neujahr das Vergnügen, Herr Oswald, alle verwandten und befreundeten Geburtstage in Ihren Kalender zu schreiben; aber Sie vergessen sie doch alle.

Oswald (liest).

„Siebzehnter Februar, Donatus: Else's Geburtstag." Das ist heute! bei Gott!

Ubique.

Und das Fräulein sagt auch nie eine Silbe davon —

Oswald.

Das zu vergessen! Und zur Feier des Tages ihre „Tochter Jephtha's" zu zerspringen — ich Ungeheuer! — — Ubique!

Ubique.

Was befehlen Sie?

Oswald.

Ich muß es wieder gut machen, so wahr ich lebe! — Ubique! Springen Sie hinauf zu den anderen Herren: ich lade sie ein — Wozu? (nach kurzem Besinnen) Wir wollen der armen Mutter der Tochter Jephtha's ein Geburtstagsfest feiern, daß sie den großen Schmerz um ihren großen Carton noch heute vergessen soll! — Springen Sie hinauf: ich lade die Herren ein, (sieht nach seiner Uhr) in einer halben Stunde — oder noch früher — in den Kostümen von unsrer letzten Künstler=Maskerade hier bei mir zu erscheinen. Die beiden Cousinen des Herrn Plato, Fräulein Else's Freundinnen, laden Sie ebenfalls. Alles im Kostüm! Und dann holen Sie sich den alten Farbenreiber, den Anton, und rüsten die Tafel her; hier im Atelier; — Abend=essen, Bankett. (ihm seine Geldbörse in die Hand drückend) Schonen Sie mich nicht, Ubique: es ist mein letztes Geld — schicken Sie's zum Teufel!

Ubique.

Ja ja ja; das wär' auch alles recht schön —

Oswald.

Warum stehn Sie noch? Fort!

Ubique.

Es ist nur wegen dieses Briefs da, von dem verfluchten Kerl, der Ihre alten Wechsel aufgekauft hat, dem Sie die fünfzehnhundert Thaler schuldig sind und nicht zahlen wollen —

Oswald.

Weil ich sie nicht habe! Giebt's einen triftigeren Grund?

Ubique.

No, Signore. Ich weiß ja auch, wie Sie zu diesen gott=verfluchten Schulden gekommen sind: weil Sie dem Herrn Plato —

Oswald.

Still!

Ubique.

Und dem Herrn — wie heißt er noch — so unter der Hand ihre alten Schmarren abgekauft haben, um sie nicht hungern zu lassen!

'S wär' ja auch alles recht schön — nur daß Sie jetzt selber vor die Klinge kommen. Ich hab's immer gesagt: geben Sie Acht, der verfluchte Kerl macht mit uns keinen Spaß! Aber Sie lachten mich aus! (auf den Tisch zeigend) Da steht's nun geschrieben, mit sehr schöner Schrift: daß man Sie bekanntlich vor Gericht verdonnert habe, daß die drei Tage Frist verstrichen sind, und daß man Sie noch heute Abend auspfänden wird.

Oswald.

Heute Abend noch? — Mensch, öffnen Sie meine Briefe, daß Sie das alles wissen?

Ubique.

Verzeihen Sie: 's ist ja nur eine Correspondenzkarte. (nimmt sie vom Tisch) Hier! Lesen Sie selbst.

Oswald.

Was? Der Schuft theilt mir alle diese Freundlichkeiten in einer offenen Allerwelts=Karte mit? (liest) Heute Abend, so wahr ich lebe! — Unterzeichnet der Geschäftsführer Jakob Meier im Namen des Herrn Sandberg — — Sandberg? Sandberg? Was für ein Sandberg ist das? — Der Mann, dessen Geschäftsführer so freundlich war, meine alten Wechsel aufzukaufen, sollte das dieser Sandberg sein — Leonorens Sandberg? — Die Ironie des Zufalls wäre so wunderbar — daß ich, in dieser wunderbaren Welt, fast daran glaube!

Ubique.

So wär's denn also nichts mit dem Bankett —

Oswald.

Wer sagt das? — Weil Jakob Meier mich unter den Hammer bringen will, soll ich meiner Schwester Else kein Abendessen mehr geben? Wie kann ich dem Gerichtsvollzieher würdig unter die Augen treten, wenn ich noch Geld in meiner Tasche klappern höre? — Sorgen Sie für das Bankett; machen Sie sich fort!

Ubique (steht still).

'S wär' ja auch alles —

Oswald (einfallend).

Recht schön —

Ubique.

Wenn nur nicht die verfluchte Execution —

Oswald (schiebt ihn sanft nach hinten).

Ubique heißt „überall"; machen Sie Ihrem Namen Ehre, tummeln Sie sich! Sie sagen nichts von der Execution, sondern Sie laden ein!

Ubique.

Aber wie's m o r g e n sein wird —

Oswald.

Da werden Sie meine Stiefel putzen und ich meinen Lebenswandel bestimmen — wie bisher! (horcht) Fräulein Werner kommt, ich höre die kleinen Stiefel; eilen Sie hinaus!

Ubique (zögernd).

Ich gehe —

Oswald.

Nein, nein, l a u f e n Sie; — und vergessen Sie nicht Ihr Kostüm! Avanti, avanti!

Ubique.

A rivederci! (Nach hinten ab.)

Oswald.

Ich danke dir, Schicksal, daß du mich zu diesem Humor der Verzweiflung zwingst; ich würde sonst heute Nacht melancholisch — und weiß nicht, warum!

Zweiter Auftritt.
Oswald, Else.

Else
(tritt von hinten ein, in Hut und Mantel; ernsthaft, fast elegisch).

Guten Abend, Oswald. Ihr habt mich wohl schon als „verloren" ausrufen lassen. Da bin ich wieder zurück.

Oswald.

Und warst bei i h r — bis zu dieser Minute?

Else.

Ja; sie ließ mich nicht fort. Sie hatte mir viel zu sagen, Oswald — (Bricht ab. Nach einer Weile) Ich muß mich schämen: ich habe sie nicht gekannt. Ich habe sie für kalt, für falsch gehalten; das ist sie nicht. Wir alle — ich voran — haben ihr Unrecht gethan, und wir müssen ihr's abbitten.

Oswald (sieht sie groß an).

Du? Nach jenem Recept — — Giebt sich diese Circe auch damit ab, Frauenzimmer zu fangen?

Else.

Pfui; was sprichst du? — Wenn du erlebt hättest, was ich erlebt habe: wie ich sie heimführte — und wie sie dann ihr ganzes Herz vor mir ausschüttete — (lächelnd) die schöne stolze Frau vor der grauen Motte! Wie sie auf einmal meine Hände nahm und sagte: „Sie sind Oswald's Freundin, sind seine Schwester!" Und wie sie mir dann in Thränen all ihre Fehler gestand — und ihr tragisches Schicksal beklagte, sich in dem Mann ihrer Wahl geirrt zu haben; und dabei ging sie auf dem Teppich auf und ab — und war so schön. Juno und Venus in Einer Person! Und wie sie von — dir sprach, mit welchem Verständniß, Oswald — bis dann auf einmal, gegen ihren Willen, ihr Gefühl für dich sich Luft machte — mit Gewalt! In die Arme fiel sie mir und küßte mich — und ich dachte: Gott, wenn ich jetzt Oswald wäre, die Wonne brächte mich um!

Oswald.

Oder die Verwunderung, Else. Was ist mit dir geschehen? Du bist umgetauscht; rettungslos verliebt. Du wirst dich in Männer= kleider stecken, den Namen Elseus annehmen und Leonore dann heirathen.

Else
(den Kopf schüttelnd, mit verhaltener Wehmuth).

Das ist deine Frau! Von diesem trostlosen Millionär wird ihre Hand sich losreißen wie ihr Herz, und dann du — mit ihr glücklich sein. O, ich durchschaue mich jetzt: absichtlich, geflissentlich hab' ich sie verkannt, für schlecht gehalten, weil ich — dich ihr nicht gönnte! Ihr nicht — Keiner! Damit ich herzlose Egoistin dich nicht hergeben müßte, hab' ich all diese schönen Damen gehaßt. So spottschlecht kann man sein! — Nun geschieht mir ganz recht, (mit ihrem wachsenden Kummer kämpfend) wenn ich dir die allerschönste Frau verschaffe, die nur zu finden ist! Heirathen mußt du: dann, dann wirst du erst glücklich. Ich will mir alle Mühe geben, Oswald, deine Fortuna zu spielen — (abgewandt, für sich) und wenn mir auch irgend was dabei brechen sollte!

Oswald.

Else, Mädchen, was ist dir? Dieser sonderbare Eifer für Leonore und mich — und diese bewegte Stimme — dies verweinte Gesicht! - Sieh her! — Es hilft dir nichts, die Vorhänge über die Augen zu ziehn: ich sehe, du hast geweint. Was heißt das, Else —

Else.

Ach Gott, es ist nichts! — Mir kommt's immer so komisch vor, wenn ich von mir selber reden soll; 's ist so uninteressant. Ich wollte dir nur noch sagen, daß ich — daß ich das Malen jetzt doch aufgeben will; — heute Nachmittag hab' ich das beschlossen.

Oswald.

Aufgeben? Du?

Else.

Ich will dir ganz ehrlich sagen, wie es steht: (mit wehmüthigem Humor) es kommt mir so billiger, wenn ich nicht mehr male. Die Auslagen sind zu groß; und wenn alle meine „Töchter Jephtha's" dieses Ende nehmen, so wird es sehr schwierig, die Modelle und die Rahmen zu bezahlen. (da er sie unterbrechen will) Bitte, sage mir nichts! Der Tochter Jephtha's ist ihr Recht geschehn; Friede ihrer Asche. Aber ich muß mir nun doch sagen, daß es so nicht geht! (die drohenden Thränen bekämpfend) Es war ein trostloser Unsinn, daß ich mir's erkämpfen wollte, auch ein Künstler zu sein — und es ist eine sehr gerechte Strafe, daß ich nun einen tüchtigen, unmenschlichen Kummer habe!

Oswald (bewegt).

Hm! — Arme Else! — Also du willst nun nicht mehr.

Else.

Will? Sage: kann! — Sei ganz ehrlich, Oswald. Wenn ich dich auf's Gewissen frage: nicht wahr, ich habe eigentlich kein Talent.

Oswald (zögernd).

Wenig, liebe Else.

Else.

Zu wenig also. Sage „zu wenig", Oswald.

Oswald (wie oben).

Zu wenig. Ja.

Else (mit betrübtem Lächeln).

Siehst du: wir sind einig. — Was soll nun mit dieser armen Else geschehen? Was soll sie nun noch die dreißig, vierzig Jahre lang auf der Welt?

Oswald.

Ich sage dir, was du mir. Heirathen, denk' ich, wäre das Beste, mein Kind.

Else.

Heirathen! — Ach Gott, mir ist nicht sehr zum Scherzen zu Muth. Kannst du dir einen Mann vorstellen, der eine Ausnahme heirathet?

Oswald (sie betrachtend).

Du siehst sonderbar aus, Else; — aber außer dem lieben Gott bist auch du daran Schuld. Wie oft haben wir mit dir gezankt, dein Bruder und ich, daß du gar so wenig eitel bist; aber dein Eigensinn —! — Als Kind, als du noch deine natürlichen Locken trugst —

Else.

Da sah ich so ganz anders aus als ihr — und das wollt' ich nicht.

Oswald.

Aber es stand dir besser! Und ohne die abscheuliche Brille —

Else.

Die brauch' ich als Malerin.

Oswald.

Doch wenn du nun aufhören willst, Malerin zu sein! — Auch könnt' ich mir denken, daß, wenn du dich entschlössest, in einem Anzug wie andre Evastöchter zu gehn —

Else (heftig den Kopf schüttelnd).

Dazu bin ich verdorben! (Geht dann, nachdenklich werdend, nach links vor den Spiegel; nimmt die Brille ab; kommt nach einer Pause kopfschüttelnd zurück.) Ach nein! Etwas Sächliches bleib' ich darum doch. (treuherzig) Weißt du, Oswald — ich entbehr's ja auch nicht! Wenn ich nur immer so leben kann wie bis heute: mit meinem Bruder und dir —

Oswald.

Aber eben das wird nicht möglich sein! Wenn ich endlich einmal so reich werde — (mit Humor) noch sieht es nicht danach aus — um auf ein Jahr nach Italien zu gehn —

Else (mit zitternder Stimme).

Freilich — dann gehst du! — Oder wenn du heirathest — und dann, wer weiß wohin — (in Thränen ausbrechend) O Gott!

Oswald.

Else! Was hast du?

Else (erschrocken, sucht sich zu fassen).

Nichts, nichts — Verzeih! — So schön, so göttlich hatt' ich mir's all die Jahre gedacht, ein Künstlerleben zu führen wie ihr — und euch nie zu verlassen — (plötzlich wieder weinend) und nun ist Alles vorbei!

Oswald (gerührt).

Gute Else! Du siehst es schwärzer, mein' ich, als es ist. (weich) Mit diesem violetten Tuch um den Hals darfst du nicht weinen; rothe Augen zu dem anilinvioletten Tuch — das ist unmöglich. Komm, weine nicht mehr! (Sie weint ruhig fort. Sanft) Nun, so entfernen wir wenigstens dieses Tuch! (Nimmt es ihr ab.) Else! Schwesterseele! Was kann ich für dich thun, dich wieder fröhlich zu machen?

Else (sieht ihn voll Empfindung an).

Du? — — Mein Gott, wie kommt es, daß ich so weinerlich bin? (Klopfen hinten an der Thür. Sie horcht auf, fährt sich rasch mit ihrem Taschentuch über die Augen.)

Simson.

Oswald! bist du daheim?

Oswald.

Simson's Stimme! — Woran erinnert er mich: das ganze Abendmahl hatte ich vergessen! Und mein Kostüm — (Else hastig die Hand drückend) Auf Wiedersehn, hier in dieser Halle! (Eilt nach rechts ab.)

Else.

Oswald! Wo willst du hin?

Dritter Auftritt.

Else, Simson, Plato.

Else.

Nun, so geh' ich auch — (Hängt sich ihren abgeworfenen Mantel wieder um, will nach hinten; erblickt Simson und Plato, die in phantastischen Kostümen, Degen an der Seite, hereintreten.) Oho! Was ist das?

Simson.

Was das ist? Der siebzehnte Februar. Sie Heuchlerin, die Sie thun, als wüßten Sie nicht, was dieses Datum bedeutet! Denken Sie etwa, wir deutschen Männer werden Ihren Geburtstag vergessen?

Plato.

Das heißt, wir haben ihn vergessen, alle miteinander; Simson am talentvollsten; — nur Ubique und der Kalender haben dran gedacht. Und nun sehen Sie uns hier, auf Oswald's Einladung, den Tag festlich zu feiern —

Else (gerührt).

Oswald? Oswald will ihn feiern?

Simson.

Ein Leichenschmaus für die Tochter Jephtha's; die Mörder als Leidtragende: ich denke, es wird eine rührende Kneiperei! — Aber wie stehn Sie da, Else? Wir Leidtragenden — bis auf Ubique und den Farben-Anton herunter — kommen im Kostüm, und Sie, die trauernde Festmutter, wollen uns so im Alltagskleid präsidiren?

Else.

Nun, wie denn sonst?

Simson.

Wie denn sonst? In edlen, malerischen Gewändern wie wir alle —

Else.

Still! Laßt mich gehn! Wenn ihr alle euch schön macht, was soll ich dabei thun?

Plato.

So bitter, Else? — Nein, nein! Heut, an Ihrem Ehrentag, dürfen Sie nicht Vogelscheuche spielen. Simson, steh mir bei! Du hast ja eine ganze Frauengarderobe unter deinen Scharteken; schleppen wir heran, was nur irgend mittelalterlich und wunderbar aussieht. Wir wollen aus dieser Gouvernante eine Dame machen, daß Simson der Colorist um seinen Verstand kommen soll!

Else.

Seid ihr toll geworden —

Simson.

Der Thiermaler hat Recht! — Du bist der Jüngste, Plato: ich lasse dir das Vorrecht der Jugend, sich zu bewegen. Lauf hinüber in mein Atelier: da liegt noch der ganze Anzug der Gräfin von Barcelona in einer Ecke beisammen. Lauf, Jüngling, lauf!

Plato.

Ja, ja, ja! (Läuft nach hinten hinaus.)

Else.

Nein, nein, nein!

Simson
(drückt sie phlegmatisch auf einen Stuhl nieder).

Bitte, setzen Sie sich! Geben Sie nach! — Den furchtbaren Mantel da muß ich Ihnen abnehmen; auch diesen Hut, aus der Steinzeit. Die Brille — ist ja schon fort. Wenn wir Ihre Haarfrisur verhüllen, Else —

Else.

Ihr seid Tyrannen! Ich leid's nicht —

Simson.

Ich geb' Ihnen mein Wort, häßlicher werden Sie nicht!

Plato
(kommt zurück, ein ganzes Bündel Kleidungsstücke im Arm).

Hier!

Simson.

Lange Locken! Du hast die langen Haare vergessen! (Plato läuft wieder hinaus.)

Else (hülflos).

Ihr wollt mich lächerlich machen!

Simson.

Dieses Gewand wird Ihnen ausgezeichnet stehn (nimmt einen Ueberwurf von phantasievollem Schnitt, wirft ihn ihr über). Haben Sie nur die Güte, sich in die Aermel zu stürzen!

Else.

Aber mein eigenes Kleid —

Simson.

Das behalten Sie: wenn es unsichtbar wird, so richtet es ja keinen Schaden mehr an. Diesen Zaubergürtel —

Else.

Ach Gott!

Simſon.

Seufzen Sie nicht! (zu Plato, der mit einer Perrücke von langem, wallendem Frauenhaar zurückkommt) Sehen Sie: die Krönung des Gebäudes! — Lange Ketten, Plato; es liegt so allerlei falsches Zeug bei mir herum; Granatkreuze, Spangen, Schmuck!

Plato.

Ich plündre dich wie ein Rabe! (Läuft wieder hinaus.)

Simſon
(die Perrücke auf Elſe's Kopf befestigend, so daß deren eigenes Haar völlig verschwindet).

Sie zucken mir unter den Händen; bitte, seien Sie ein Mann, zucken Sie nicht. Jetzt diesen Schleier — hinten feierlich herunterwallend! Und dieses wunderbare Diadem: die Rubinen so ächt wie dieses Gold. (Plato kommt zurück.) Ich danke dir, Jüngling; Spangen, wie ich sie brauche. Weithinleuchtend — wir malen heute al fresco — — Schau, schau, die Evastochter rührt sich: bei dem schmeichelnden Blitzen dieser Spangen huscht ihr das erste Lächeln über's Gesicht! — Stehn Sie auf, ich danke Ihnen: die romantische Schönheit ist fertig.

Elſe (steht auf).

Ist das mein Dank? S p o t t e n Sie noch über mich?

Simſon.

Nein, bei Gott; (ehrlich verwundert) es ist sehr merkwürdig, Elſe, wie gut Sie aussehen! Da ist der Spiegel: schauen Sie nur hinein. Schauen Sie hinein! — Sehn Sie, wie der Thiermaler sich freut, daß Sie uns so wunderbar gelungen sind; wie sein holdes Antlitz sich verwundert.

Plato.

Was haben wir aus Elſe gemacht?

Elſe (vor dem Spiegel, lächelnd).

Wahrhaftig, ich sehe aus wie ein wirklicher Mensch! (seufzt) Es wäre hübsch, könnte man so eine Täuschung aufrecht halten; — doch es wär' auch eine recht gemeine Lüge. (Tritt vom Spiegel zurück.) Ihr guten Menschen, ich dank' euch; — ich schäme mich nur so sehr. Ich fürchte, Oswald wird über den Unsinn schelten!

Simson.

Was geht Oswald Sie an? (Eine Geige beginnt hinter der Scene eine lustige Melodie.) Horch; Hurrah!

Else (erschreckend).

Mein Gott, was ist das!

Simson.

Wir kommen, Else; wir kommen. (Sie will fort; er hält sie fest.) Hier bleiben Sie stehn!

Else.

In diesem Narrenkleid! — Vor Oswald's Augen!

Simson.

Was gehn Oswald's Augen Sie an? (Mit Plato nach rechts hinaus. Else steht mitten im Atelier, die Hände vor dem Gesicht. Voran tritt Anton der Farbenreiber ein, die Geige spielend, Ubique ein Tambourin schlagend, Beide mittelalterlich als Mundschenk und Kellermeister gekleidet; dann Oswald und Werner mit je einem jungen Mädchen, Alle im Kostüm, Werner mit Degen; zuletzt Simson mit Plato; feierlicher Umzug durch das Atelier.)

Vierter Auftritt.

Die Vorigen, Ubique, der Farbenreiber, Oswald, Werner, zwei junge Mädchen.

Oswald
(tritt endlich vor Else hin).

Stille da, Musikanten! — — Kluge, doch in diesem Augenblick sehr thörichte Else, da du dein schwesterliches Antlitz vor uns versteckst, — schau her, wir sind hier ganz unter uns Zigeunern: wir, deine Hausgenossen, und diese wohlbekannten Cousinen unseres Plato, platonisch und tugendhaft wie er selbst, Blumenmalerin und Retoucheuse — lauter lächelnde, gottvergnügte Märtyrer der Kunst. Wir feiern heute einen tragisch doppelfestlichen Tag: den Tag, an dem die gute Else Werner die Welt erblickte — und die schlechte Tochter Jephtha's sie verließ. Indem sich mein eines Auge für die Grabrede feuchtet — (Else hat mittlerweile ihr Gesicht enthüllt und blickt Oswald an; er betrachtet sie in wachsender Verwunderung, verwirrt sich und spricht zerstreut und abgebrochen fort) fängt das andere für die fröhliche Geburtsrede zu lachen an — und in diesem erhabenen Zwiespalt der Gefühle — Zwiespalt der Gefühle — — Else, wie siehst du aus?

Simson.

Rede halten!

Werner.

Nicht aus dem Text fallen; vorwärts!

Oswald (sich allmählich fassend, herzlich).

Liebe Schwester Else! Es lag nicht im Plane der Vorsehung, einen weiblichen Apelles oder Rafael aus dir zu machen; (sich humoristisch halb an die Maler wendend) murren wir darum nicht! Wenn auch „nicht alle Blüthenträume reiften", deine Seele hat ihre Schuldigkeit gethan: sie hat mit Lachen und Weinen, bei Wasser und Wein im Idealen gelebt! (Sie sieht ihn gerührt an; er verwirrt sich wieder.) Und während wir also die Tochter Jephtha's begraben — Friede ihrer Asche — preisen wir den großen, unbekannten Meister, dem du gelungen bist, und freuen uns dieses Werks mit neidloser Freude, und rufen: unsre kluge Else hoch! Dreimal hoch!

Alle.

Die kluge Else hoch!
(Musik. Ubique hat mittlerweile von rechts Humpen herangeschleppt; sie stoßen an und trinken.)

Else (gerührt).

Guter Oswald — dafür muß ich dich küssen! (Will ihm um den Hals fallen, verwirrt sich dann, da sie ihm in die Augen sieht, legt nur verlegen den Kopf an seine Schulter. Er streicht ihr über das Haar; sie macht sich los und tritt wieder zurück.)

Werner (harmlos).

Das ist ein seltsamer Kuß! — — Kinder, auf zum Bankett; wo bleibt unsere Tafel? Ubique, Anton, heran! — Ich habe seit fünf Minuten einen höllischen Durst, und nur um meinen Humpen würdevoll auszutrinken, halte ich folgende Rede: „Mir ist Alles eins; es lebe die Kunst!"

Alle (heiter).

Es lebe die Kunst! (Stoßen an und trinken. Blume ist hinten in die Thür getreten, starrt verwundert herein.)

Die Maler.

Fünfter Auftritt.

Die Vorigen, Blume.

Blume.

Es lebe die Kunst! — Was für ein Karnevalsfest wird denn hier gefeiert? (tritt auf Oswald zu) Mensch, Meister, ich erkenne Sie ja gar nicht — Kommen Sie her! Einen Brief für Sie hab' ich in der Tasche — (Zieht ihn nach vorn.)

Oswald
(während Ubique und Anton von rechts den gedeckten, beleuchteten und mit Blumen geschmückten Tisch hereintragen, — ungeduldig).

Was wünschen Sie? In diesem Augenblick —

Blume (halblaut).

Ein Glück, daß ich Sie finde! Sehen Sie diesen Brief, von Ihr —

Oswald.

Von wem?

Blume.

Sie fragen, von wem? Barbar! Die schöne Frau schickt Ihnen diesen Brief. Schickt ihn (elegisch und stolz zugleich) durch ihren getreuen Ritter — um ganz sicher zu sein —

Oswald.

Ein Brief von Leonore — an mich?

Blume.

An Sie! (gutmüthig lächelnd) Die schöne Frau hat mir etwas vom Inhalt vertraut: es handelt sich um eine Ueberraschung für ihren Bräutigam — und auch für mich. (glücklich) Sie denkt auch an mich! (seufzend) Zuweilen denkt sie auch noch ein wenig an mich!

Oswald (will lesen).

Sie verzeihn!

Blume.

Ich ziehe mich zurück! — Gott, hier ist potenzirte Künstlerluft, göttlich malerische Stimmung: hier bleib' ich hängen, hier komm' ich nicht los. (zu den Andern, die sich mittlerweile gesetzt haben, — einen Humpen ergreifend) Lassen Sie mich mit von Ihrem Bunde sein; — es lebe die Schönheit!

Plato (leise, sanft).

Wär' es nicht besser, wir würfen ihn hinaus?

Werner (leise).

Kinder, er ist Mäcen, er kauft Bilder; ehren wir in ihm die Sache, trotz der Person! (laut) Kunstfreund, kommen Sie her!

Simson.

Gebt ihm einen alten Hut, hängt ihm einen Teppich um.

Blume.

Irgend was Seidenes, was Buntes; macht ein Gemälde aus mir. Es ist mir danach zu Muth, mich einmal ganz als Farbenstimmung zu fühlen; — es lebe das Kolorit! (Werner und Simson führen ihn lachend hinter die spanische Wand. Else sitzt links an der Tafel, Oswald von ferne betrachtend.)

Oswald (für sich).

Nun bei Gott, das ist ein seltsamer Brief! (liest nochmals) „Mein Freund! Sie haben mich heute Nachmittag auf den Tod verwundet; nicht am Arm: der wird morgen gesund sein — sondern an dem Punkt, der Alles ist oder Nichts. Ich vergebe Ihnen nur, wenn Sie heute Abend auf dem Maskenball bei unserm Gesandten erscheinen; Ihre Einladungskarte leg' ich ein; — um neun Uhr werd' ich im kleinen Palmenzimmer sein, unbegleitet, nur mit meinem wundersamen Zorn auf Sie gerüstet. Ich weiß nicht, was ich schreibe! Vielleicht bin ich — nur krank. Sie kommen! — Leonore." (das Billet zerknitternd) Das also ist die Ueberraschung für ihren Bräutigam — und mit dieser fieberheißen Romanze schickt sie ihren Blume zu mir!

Werner (lachend).

Bravo! (Sie führen Blume wieder hervor, mit einem abenteuerlichen Hut und Mantel ausstaffirt, und geleiten ihn an den Tisch.) Hierher, Blume; thun Sie mir Bescheid!

Oswald (lacht).

Sieh da, welch eine Blume! (am Tisch) Lustig, lustig; unser Bankett beginnt! Es giebt eine Schlange, die mich aus diesem Paradies hinweglocken will; doch so wahr ich hier fühle, was Gemüthlichkeit ist —

Simson (phlegmatisch).

Kinder, ich denke, vor Allem lebe die ganze holde Weiblichkeit, die uns Gesellschaft leistet: unsre Evastöchter! (Stoßen an, trinken.)

Blume (steht auf).

Meine Damen und Herren —

Werner (erschrocken, halblaut).

O weh! Blume will reden. Wir sind alle verloren.

Blume (seinen Humpen hebend).

Meine Herren und Damen —

Simson.

Regen Sie sich nicht auf, Blume! Setzen Sie sich wieder hin.

Oswald.

Nicht doch! Redefreiheit!

Blume.

Redefreiheit! Meine Damen und Herren, wenn Alle reden, so vergönnen Sie auch mir ein kurzes Wort: ein Wort über die Kunst! — Da wir hier so glücklich, so ideal beisammen sind —

Simson.

Auf den Stuhl steigen!

Die Andern.

Auf den Stuhl steigen — Bravo!

Blume.

Gut; ich steige auf den Stuhl. Meine Freunde, wer die Idee dieses Abends hatte, dem bring' ich mein Glas! Im Leben wie in der Kunst entscheidet die Idee —

Werner.

Bravo! Eine gute Idee.

Plato.

Auf den Tisch steigen! Wenn Sie so hochfliegende Ideen haben, so steigen Sie auf den Tisch.

Blume (etwas in Verwirrung gesetzt).

Gut; ich steige auf den Tisch. (Die Maler, um die Tafel herumsitzend, halten humoristisch feierlich die Leuchter in die Höhe.) Meine Freunde, — was ist die Kunst? Wenn ich es denn mit drei Worten sagen soll: sie ist die göttliche Ruhe —

Simson.

Dann sollten Sie sich zur Ruhe setzen, Blume; kommen Sie herunter.

Werner.

Die Kunst ist das göttliche Schweigen —

Blume.

Nein, nein, nein, meine Herren! Die Kunst ist die höchste Ruhe, allerdings — aber zugleich, und eben deshalb, ist sie auch die höchste Bewegung —

Simson (steht auf).

Bewegung! Bravo; es lebe die Bewegung! — Fräulein Fanny, bewegen wir uns! (Nimmt eins der lachenden Mädchen, tanzt mit ihr ins Zimmer hinein.)

Werner.

Der Gedanke ist gut! Das kann uns retten! (Winkt dem Farbenreiber, der sogleich einen lustigen Tanz zu spielen anfängt, und tanzt mit der andern Cousine Plato's hinterdrein. Plato tritt zu Else, schwenkt sie trotz ihres Widerstrebens herum. Oswald steht und lacht; ergreift dann Ubique und tanzt toll drauf los.)

Blume
(höchst verdutzt, dann lauter und lauter).

Meine Freunde — nur noch ein letztes Wort! Nur noch ein letztes Wort! Die Kunst, wenn sie auch die Bewegung ist — die

Kunst — Meine Freunde, die Kunst —! (Sie tanzen indessen weiter. Die Thür hinten geht auf, der Gerichtsvollzieher tritt ein.)

Oswald (Ubique loslassend).

Oho! Was ist das?

Ubique (laut).

Der Gerichtsvollzieher — Maledetto! (Die Paare lassen sich los, fahren zurück; Blume springt vom Tisch herunter.)

Sechster Auftritt.
Die Vorigen, der Gerichtsvollzieher; später Gensdarmen.

Gerichtsvollzieher.

Das nenn' ich doch noch Humor! An dem Abend, wo man exekutirt werden soll, eine Maskerade veranstalten, herumspringen — vortrefflich! (zu Oswald) Wir haben schon die Ehre, mein Herr, einander zu kennen; von einem früheren Fall, (gereizt) wo Sie mich Ihre ganze geniale Ueberlegenheit auf so liebenswürdige Weise fühlen ließen. Wollen Sie Ihre werthen Gäste ersuchen, (indem er ein Papier hervorzieht) mir, dem Gerichtsvollzieher, und diesem gerichtlichen Befehl etwas aus dem Wege zu gehn: es ist unbequem, Alles zu versiegeln, wenn dabei getanzt wird.

Else.

Versiegeln — himmlischer Vater!

Werner (ein wenig angetrunken).

Was! dieser Herr will uns hier versiegeln, unser Bankett auseinandersprengen? — Ziehn Sie sich zurück, mein Herr; Sie sehn ja, daß wir vergnügt sind! (ihn streichelnd) Kommen Sie morgen, übermorgen wieder — aber für heute ziehn Sie sich zurück!

Plato.

Ziehn Sie sich zurück!

Oswald.

Stille doch —

Gerichtsvollzieher (wüthend, zu Oswald).

Mein Herr! was für Menschen laden Sie sich hierher, die — unverschämt genug sind, mich in meinem Amt zu verhöhnen? Das ist Maskenfrechheit —

Simson.

Was sagt er? Dieser Büttel der Justiz hat den unglaublichen Humor, uns zu beleidigen — hier im Atelier? — Sie hören, mein Herr, daß wir es unpassend finden, unser Fest zu stören; daß wir Ihnen das Recht lassen, morgen wiederzukommen. Machen Sie von diesem Recht Gebrauch, und ziehen Sie sich zurück!

Plato (seinen Degen ziehend).

Wenn ich auch nur Thiermaler bin, mein Herr — Ziehen Sie sich zurück!

Gerichtsvollzieher.

Teufel — will dieses Zigeunervolk mir drohn? (Die Maler fahren wild auf. Zu Oswald) Mein Herr, thun Sie Ihre Pflicht, thun Sie Ihre Pflicht! Entfernen Sie diese — Gesellschaft! Ich habe auf Alles Beschlag zu legen, was ich hier sehe; habe Acht zu geben, (giftig) daß mir diese vielen malerischen Hände nicht ins Handwerk pfuschen!

Werner.

Das ist zu viel! Dieser Hund will uns beschimpfen? — Hinaus mit Ihnen; auf der Stelle hinaus!

Simson.

Wenn er nicht freiwillig geht, werft ihn durch die Thür!

Gerichtsvollzieher.

Meine Herren —

Oswald (dazwischen tretend).

Werner — Simson — Menschen, seid ihr toll? Wollt ihr ihn gewähren lassen, oder nicht —

Werner.

Damit dieser unmalerische Knecht über uns triumphirt? — Wozu sind wir hier die bewaffnete Macht; (seinen Degen ziehend) hinaus, sag' ich, hinaus!

Simson.

Bei meinem Degen, hinaus! (Zieht gleichfalls; dringt auf ihn ein.)

Gerichtsvollzieher.

Gewalt! (Retirirt an das Fenster rechts, stößt es auf, ruft hinaus.) Hülfe, Hülfe! — Ihr da an der Ecke, ihr Gensdarmen, hierher!

Else.

Gott, das giebt ein Unglück —

Gerichtsvollzieher.

Hier herein; Hülfe! Gewalt, Mörder — (Entweicht vor Simson nach hinten, ruft zur Thür hinaus) Heda, herein! Gensdarmen! (Stürzt hinaus. Die Maler lachen. Doch gleich darauf erscheint er mit zwei Gensdarmen wieder in der Thür.) Verhaften Sie diese Herren mit den nackten Degen; nehmen Sie sie fest! (sein Papier hoch hebend) Im Namen des Gerichts: diese Menschen wollen mir ans Leben; nehmen Sie sie fest!

Else.

Oswald — Bruder —

Gensdarm
(bärbeißig auffordernd, ihm zu folgen).

Meine Herren —!

Oswald.

Ist das die Meinung? Verhaftet? — Nun, so gebt mir auch so eine Plempe: ich will auch mit dabei sein! (Nimmt Simson den Degen aus der Hand.)

Else (ihm in den Arm fallend).

Nein, nein, nein! Du nicht! (entwindet ihm den Degen, giebt ihn an Simson zurück; halblaut) Bist du von Sinnen? Wenn du mich lieb hast, sei still — thu mir meinen Willen —

Oswald (sieht sie an; halblaut).

Was willst du?

Else.

Dir helfen!

Gensdarm (zu den drei Malern).

Marsch! auf die Polizei!

Gerichtsvollzieher (in wilder Aufregung).

Ich gehe mit, ich zeuge, ich berichte — (zu Oswald) doch ich komme zurück! Geben Sie Acht: mit tüchtigen, zuverlässigen Fäusten komme ich zurück!

Gensdarm.

Vorwärts!

Werner
(hat mit Simson schnell noch ein Glas getrunken).

Nun denn, in Gottes Namen! — Oswald, gute Nacht; auf Wiedersehn unter den Bleidächern!

Else.

Geht, geht, wir befrei'n euch; „Egmont's Freiheit, oder den Tod!" — Ubique, gehen Sie mit; bringen Sie uns Botschaft!

Simson.

Gute Nacht; — Thiermaler, voran! (Plato, Simson, Werner, der Gerichtsvollzieher, die Gensdarmen hinaus; Ubique und Plato's Cousinen laufen hinterdrein. Blume, der sich bis dahin ängstlich zurückgezogen, will sich gleichfalls davonmachen; Else ihm nach, hält ihn am Mantel fest.)

Else.

Bitte, bitte — Halt! Wohin?

Blume (stammelnd).

Ich? Ins Freie —

Else.

So auf französisch hinaus? — Sie haben sich das Vergnügen gemacht, mit uns fröhlich zu sein, Sie werden nun wohl auch die Güte haben, uns im Unglück zu helfen!

Blume (verlegen).

Ich? Gott, was kann ich thun?

Else.

Ihr Oheim ist doch der Chef der Polizei? (Blume nickt.) Und Sie fragen, was Sie thun können? Auf zu Ihrem Oheim: nehmen Sie das Wort, mein Herr, für Ihre gefangenen Freunde; seien Sie auch dort so beredt, wie vorhin hier auf diesem Tisch!

Blume.

Himmel! in diesem Aufzug!

Else.

Da ist leicht geholfen. (reißt ihm hurtig Hut und Mantel ab) So: jetzt sind Sie wieder — nichts als Sie selbst! Anton, Sie begleiten diesen Herrn, bringen uns Bericht; — und nun hinaus, Brackenburg, in die Nacht!

Blume (greift nach seinem Hut).

Wie Sie befehlen, mein Fräulein! (verstört) Brackenburg, sagt sie —

Else.

Leben Sie wohl! Sie kommen nie, oder mit meinen befreiten Kameraden zurück! (Schiebt ihn sanft zur Thür. Blume mit Anton hinaus.)

Siebenter Auftritt.

Oswald, Else.

Oswald
(Else betrachtend, die einen Augenblick tief Athem schöpft, dann sich umblickt und in eine Ecke läuft).

Else, was für ein Geist ist in dich gefahren? — Was willst du dort an der Wand?

Else (suchend).

Das Bild; das Bild! — Aber warte! (Läuft wieder nach hinten an die Thür, schließt sie zu.)

Oswald.

Was machst du?

Else.

Er will ja zurückkommen, dieser Mann des Gesetzes! Während die draußen sehn, wie sie sich befreien, nehm' ich deine Kostbarkeiten in Gewahrsam — oben bei mir! (Läuft nach vorn, sucht.)

Oswald (lächelnd).

Frevlerin! Das ist gegen das Gesetz!

Else.

Ich bin ein Frauenzimmer; was geht das Gesetz mich an? (hält einige Bilder in der Hand; blickt umher) Die platonischen Jungfrauen sind fort; offenbar ihrem Plato nachgelaufen; — Niemand da, der mir hilft! Oswald, wie stehst du da: komm, faß doch mit an!

Oswald.

Ich? Nicht um die Welt; mögen sie mir Alles abpfänden, was sie hier finden —

Else.

Nun, so stehl' ich mir zusammen, was ich kann, und schlepp's in mein Nest hinauf; was geht's dich an? (hinter der spanischen Wand) Die neue Composition — endlich hab' ich sie! Die rett' ich zuerst — und Leonorens Portrait — (Will mit den beiden Bildern fort; Oswald hält sie fest.)

Oswald.

Else! Gutes Geschöpf! Du bist toll, aber gut —

Else.

Laß mich mit meinem Raub hinaus; halte mich nicht auf!

Oswald.

Du bist ein Engel, so wahr ich lebe! (Küßt ihr die Hand.)

Else
(die Hand betroffen zurückziehend).

Was machst du? Geh — das steht uns Beiden nicht gut! Geh, laß mich ziehn.

Oswald.

Warum stünde es uns Beiden nicht gut? — Else, ich verwundre mich schon diese ganze Zeit: wie siehst du aus? Du bist ja hübsch; hübsch, so wahr ich lebe!

Else (seufzt, lächelt).

Ach Gott! Dem ist schnell wieder abzuhelfen: Perrücke weg, Putz weg, Alles ist aus. Doch nun laß mich gehn!

Oswald.

Wozu? Es eilt nicht — (Nimmt ihr die Bilder aus der Hand, läßt sie zu Boden gleiten.) Else! Die langen Haare stehn dir wunderbar gut! Ohne die Brille, ohne die unmenschliche Frisur — — Es ist staunenswerth, wie du mir gefällst.

Else (lächelnd, mit verhaltener Freude).

Wirklich? — So sollt' ich freilich noch eine Viertelstunde fortfahren, dieses Glück zu genießen: denn morgen ist's ja für immer wieder vorbei.

Oswald.

Du stehst da wie ein Mährchen! Du bist's, und bist's nicht. Aus deinen Augen hab' ich sonst nur deine Treu' und Güte, deinen Verstand, deine ehrliche Seele abgelesen: heute auf einmal schaut die Mutter Eva heraus. Deine Augen sind schön, Else! Und diese Art, wie du sie aufschlägst —

Else (verwirrt).

Bitte, bitte; willst du mich mit Anmerkungen herausgeben? — Ich muß fort; ich gehe! (Greift wieder nach den Bildern.)

Oswald (faßt ihre Hand).

Bleib, bleib; geh noch nicht! Wie mein guter Engel stehst du mir zur Seite, trittst vor mich hin wie ein Traum — und ich soll dir nicht sagen, wie du mir gefällst? Du, die Beste von Allen — und nun so märchenhaft verwandelt, so lieblich — — Laß Leonoren's Bild — und sie selber dazu! Ich will sie nicht, ich kenne sie nicht, ich begehr' sie nicht. Ich will nichts, als deine lieben Hände küssen (küßt sie) — und deine schwesterlichen Lippen — und dein liebreiches Herz!

Else (sich erschrocken losreißend).

Was fährt in dich, Oswald? Bist du toll? — Willst du dich lächerlich machen? Weil ich mich verkleidet habe —

Oswald (den Kopf schüttelnd).

Nicht verkleidet: entpuppt, entlarvt. Auf der Stirn, in den Augen, um die zuckenden Lippen steht's dir ja geschrieben, daß du nichts Sächliches, sondern ein Evaskind bist. Liebes Evaskind — (Zieht sie an seine Brust.)

Else
(einen Augenblick ohne Widerstand; dann macht sie sich los, tritt zurück; ihn beleidigt anblickend, verstört).

Oswald! Geh! — Auf manche Metamorphose deiner schönen Schmetterlingsseele war ich gefaßt — auf diese nicht! Kommt auch an mich die Reihe, eine deiner — Wallungen zu erregen? Während deine Leonore in Thränen nach dir seufzt, hängt sich deine zärtliche Laune zur Abwechselung an eine Phantasie, an eine Karnevals=Maske? — O, dem helf' ich ab! (reißt sich den Haar=Aufsatz und Schleier herunter, wirft ihren Ueberwurf ab und auf die Erde) Warum war ich auch diese eitle, puppenhafte Närrin, mich dir in dieser lächerlichen Lüge zu zeigen! So — so — so — nun bin ich wieder die „kluge Else", und weiter nichts! Nun wirst du geheilt sein — (mit hervorstürzenden Thränen, abgewandt, vor sich hin) und ich auch!

Oswald.

Else —!

Else.

Laß mich! (horcht) Wer kommt? — Klopfte es nicht an der Thür? (Rafft die Bilder vom Boden auf; sich nach rechts wendend) So flücht' ich mich dort hinaus —

Oswald.

Else!

Else (ihr Weinen unterdrückend).

Nie wieder so ein Wort, oder zwischen uns ist's vorbei! — Verschlafe deinen Rausch; gute Nacht! (Rasch rechts hinaus. Oswald thut ein paar halbe Schritte ihr nach. Klopfen hinten an der Thür.)

Achter Auftritt.

Oswald, dann **Leonore**.

Oswald (tief verstört).

Heiliger Gott, was war das? Was ist mir mit Else geschehn? (Neues Klopfen.) Und wer will noch zu mir? (Geht widerwillig an die Thür, schließt auf; fährt zurück. Leonore tritt ein, im Ballkleid, über das sie einen Mantel geworfen, das Gesicht verschleiert, die Kapuze des Mantels über den Kopf gezogen. Sie schlägt den Schleier zurück.) Leonore!

Leonore (mit aufgeregtem Lächeln).

Ja, ich bin's. Ich selbst. Lachen Sie mich aus! Da irgend ein böser Dämon Sie verhinderte, mich beim Gesandten unter den Palmen aufzusuchen, komme ich zu Ihnen; — eine halbe Stunde nach der bestimmten Zeit!

Oswald.

Ich bewundere Ihre — romantische Kühnheit, gnädige Frau. Aber wirklich, Sie irren: nicht irgend ein „böser Dämon" hinderte mich — ich selbst war entschlossen, dieses Wiedersehen zu versäumen. Leonore! sagen Sie — (mit möglichster Zartheit) was wollen Sie hier?

Leonore
(wirft die Kapuze zurück, tritt näher heran; mit etwas unsicherer, verhaltener Stimme).

Was ich will? — Ich will Sie selbst; das ist alles. Nicht wahr, eine zweite „romantische Kühnheit"; — doch das ist meine Art! — Ich habe Sie beleidigt, Sie mich; also können wir uns, nach einem Naturgesetz, nur noch lieben oder hassen —

Oswald.

Leonore —!

Leonore.

Still; sagen Sie nichts. Ich erklärte Ihnen ja wohl heute, es gäb' eine Art von Mann — — Seit heute Nachmittag kenn' ich so einen Mann! — Doch er kennt mich noch nicht. Er denkt, ich sei nichts als eine kalte, kluge, vornehme Kokette — so eine Art von moderner Lorelei, mit goldnem Kamm und goldnem Haar und diamantenem Herzen — doch er verleumdet mich). Wissen Sie, was ich gethan habe? Ich bin immer rasch von Entschlüssen, auf einen dummen Streich kommt es mir nicht an: zwei Stunden nach jenem — Dolchstoß hab' ich plötzlich meinen „goldnen Käfig" verlassen, mich nach Ihrer Vorschrift „von meinem Mammon = Götzen losgesagt" — Lesen Sie hier seine Antwort auf meinen Brief! (Sie hält ihm einen Brief hin; er blickt verwirrt und zerstreut hinein.) Nicht wahr, das trauten Sie meiner schönen Seele nicht zu? — O, ich kann auch so unsinnig sein wie Sie; toll, ganz toll — genial in der Liebe, Oswald, wie Sie in der Kunst!

Oswald (in völliger Verwirrung, für sich).

Und das alles die Wirkung von Else's weisem Recept! (laut, mühsam) Gnädige Frau — wenn Sie etwa vergessen hätten, daß ich jenen Kniefall zurücknahm —

Leonore.

Still, Sie boshafter Dämon! — Sie kennen die Tollheit der Leidenschaft nicht, deren ich fähig bin! Oswald — mit den gewöhnlichen Herren der Schöpfung spiel' ich nur, weil ich sie verachte; aber in den — Teufel, der in Ihnen steckt, hab' ich mich verliebt wie ein — Mädchen aus dem Roman. Sagen Sie mir: „Leonore, heute Nacht fliehen wir, lassen Heimat, Verwandtschaft, Rang, guten Namen, Alles auf Nimmerwiedersehen zurück" — o, ich folge Ihnen gehorsam, ohne ein Wort. Nach Italien — nach Griechenland — ich opfre Ihnen meine Juwelen bis auf den letzten Stein —

Oswald.

Und wenn Sie den letzten Stein geopfert haben —

Leonore.

Nun, dann binden wir uns zusammen, springen in die Dardanellen und treiben wie Hero und Leander ins Marmora = Meer hinaus! — Warum lächeln Sie so steif — mit diesem Philister = Lächeln? Mir ist es ganz Ernst. Wie sich die indischen Wittwen in die Flamme stürzen, so stürz' ich in diesen Rausch der Leidenschaft hinein, und er soll nicht enden, als mit mir!

Oswald.

Verzeihen Sie, Leonore —

Leonore.

Was soll ich verzeihen?

Oswald.

Leonore — Sie haben (sich unwillkürlich verfinsternd) meiner guten Schwester Else das Herz gestohlen — geben Sie mir dafür das meine zurück! — Ich bin der Oswald nicht, von dem Sie träumen; bei Gott, Sie irren sich sehr. Seit — seit heute Abend erst kenn' ich mich selbst! Das Leben ist für mich kein Roman: es geht im Hauskleid, hat einen gewissen Schurzfell=Geruch, arbeitet viel, trinkt gern das Glück morgen aus demselben Becher, aus dem es gestern trank. Sie — Sie wollen Feuerwerke, Abenteuer, Novellen! Weil ich das Schicksal hatte, Ihnen interessant zu werden, greifen Sie jetzt nach mir wie nach einem pikanten Buch, lassen darüber das Knäuel Ihres Lebens aus den Händen fallen. Nach einer Stunde würden Sie das Buch enttäuscht wieder zuschlagen! Verzeihen Sie: darum giebt man es Ihnen lieber nicht in die Hand — denn dazu ist es zu gut.

Leonore (etwas gereizt).

Sie sagen mir — sehr interessant, daß Sie nicht interessant sind! (Lärm hinter der Scene.) Was ist das?

Sandberg (draußen).

Ich will doch sehn, ob man auch mich hinauswirft —

Leonore (außer Fassung).

Wessen Stimme — mein Gott! Wohin rett' ich mich — (Will nach rechts; horcht.) Auch da drinnen Schritte — Menschen — — Wohin?

Oswald (ebenso verwirrt).

Hier — hier — (Sie flüchtet hinter die spanische Wand.) Wer — wer kommt?

Neunter Auftritt.

Die Vorigen, Sandberg, ein Diener, der Gerichtsvollzieher, Else, Ubique.

Sandberg
(tritt von hinten ein, hinter ihm ein Diener und der Gerichtsvollzieher; gleich darauf Else, in Hut und Shawl, mit Ubique von rechts, wo sie, durch den Anblick der Andern überrascht, stehen bleibt. Sandberg vortretend).

Sie sind allerliebst, mein Herr! Sie entfremden mir meine Braut: denn offenbar hab' ich's Ihnen zu danken, (einen Brief hervorziehend) daß man mir mit diesem wunderbaren Handschreiben meinen Abschied giebt, wie einem Hausverwalter; — Sie lassen dann meinen Gerichts= vollzieher durch Ihre Kameraden hinauswerfen, statt Ihre Schulden zu zahlen; — erlauben Sie, ich finde Sie äußerst genial! Genie's geniren sich nicht —

Oswald.

Herr, wollen Sie sich mit Ihren Commis=voyageur=Witzen an mir vergreifen? Thun Sie, was Ihnen zukommt, pfänden Sie mich aus, aber begnügen Sie sich, Ihren Geist hinter meinem Rücken zu verbrauchen!

Sandberg.

Wie Sie wünschen, mein Herr! — Hätt' ich heute Morgen gewußt, gegen wen mein Geschäftsführer vorging — ich wußte von dieser ganzen Wechselgeschichte nichts — so hätt' ich mich beeifert, Ihnen neue Frist zu gewähren; (boshaft zornig) heute Abend denk' ich darüber anders — nehmen Sie mir's nicht übel! Sie sind ein — gemeinschädlicher Mensch; gegen Menschen wie Sie lass' ich der Justiz ihren Lauf!

Else (halblaut vor sich hin).

Großer Gott, wird es Ernst?

Oswald (finster).

Else, auch du wieder hier?

Else (verlegen).

Ich wollte noch selber hinaus, zur Polizei — und zuvor sehn, wie es hier steht —

Oswald.

Du siehst!

Sandberg.

Herr Gerichtsvollzieher, thun Sie Ihre Pflicht! (setzt seinen Hut wieder auf; zu Oswald) Es muß Ihnen nicht unangenehm sein, mein werther Herr, wenn alle Ihre genialen Schätze heute Nacht unter Siegel schlafen!

Leonore (für sich).

Heiliger Gott, sie finden mich hier; rettungslos verloren!

Sandberg (hinblickend).

Was war das? Bewegte sich nicht die Wand?

Gerichtsvollzieher.

Diese Wand? (Geht darauf zu.)

Oswald (ihn abwehrend).

Nichts — nichts! Was wollen Sie —

Leonore (für sich).

Hier giebt's keine Hülfe — als Muth! (Tritt, sich gewaltsam fassend, in ruhiger Haltung hervor; laut) Ich bewegte mich hinter dieser Wand.

Sandberg.

Tod und Teufel!

Else.

O du mein Gott!

Sandberg.

Das war also die Absicht! Um sich bei Nacht und Nebel einem — Zigeuner an den Hals zu werfen —

Leonore (zuckt zusammen).

Oh —!

Oswald (wild auf Sandberg zu).

Herr —! Nichtswürdiger! (Sandberg weicht etwas zurück.) Diese Dame hier — — Diese Dame ist meine Braut; in dieser Stunde haben wir uns verlobt.

Leonore (verwirrt, für sich).

Verlobt! — — Ich träume!

Else
(fährt sich mit der Hand nach dem Herzen; für sich).

Oh — nun ist's geschehn! — Oh, nichts merken lassen!

Sandberg
(mühsam, mit künstlich höhnischem Lächeln).

So, so, so — verlobt! — Nun, dann bin ich galant: dann, natürlich, stören wir heute nicht. Der Herr Gerichtsvollzieher wird morgen die Ehre haben — morgen — — Ich gratulire! (Winkt dem Gerichtsvollzieher, wendet sich zum Gehn.)

Else (ihren Schmerz bekämpfend).

Gehn Sie, mein Herr, verbittern Sie uns nicht — unser Glück! Gehn Sie — wir sind glücklich — (in einen Stuhl sinkend) sehr glücklich!

(Der Vorhang fällt.)

Dritter Aufzug.

Oswald's Atelier (ohne den Tisch vom Bankett).

Erster Auftritt.

Ubique, später Else.

Ubique
(fährt verdrießlich im Atelier herum, einen Besen in der Hand).

Unsinn! — Schauderhaft! — So ein vierblättriges Kleeblatt — und der Herr Oswald das beste, schönste davon — und das fällt nun ab! — Geh mir aus dem Weg, alte Hexe! (Giebt der Gelenkpuppe einen Stoß mit dem Besen; wirft diesen dann in die Ecke.) War so ein reizender Junggesell, der Herr Oswald — ließ sich nichts gegen ihn sagen; und nun verplempern wir uns — pfui Teufel!

Else
(tritt hinten ein, in einfacher, aber zierlich moderner Tracht, ein geschmackvolles Hütchen auf dem anmuthig geordneten Haar, einen hübschen Mantel umgeworfen; übrigens blaß und ernst).

Guten Morgen, Ubique! Ist der Herr nicht zu Haus?

Ubique (mürrisch).

Warum sollt' er zu Hause sein? Ist ja glücklicher Bräutigam — seit gestern Abend um zehn.

Else.

Ausgegangen?

Ubique.

Ausgegangen; natürlich! Alle jungen Leute treiben sich herum, wenn sie verlobt sind. (giebt der Gelenkpuppe einen neuen Stoß) Stehst du mir wieder im Wege!

Else.

Sie haben ihm gesagt, daß Herr Blume und ich gesiegt haben, daß unsre Gefangenen noch gestern Nacht freigeworden sind?

Ubique.

Nun, gesagt werd' ich's ihm ja wohl haben; aber er hat's kaum gehört! Da liegt auch noch ein Brief vom Kunstverein, kam vorhin an, als der Herr Oswald eben ausgehen wollte; da warf er ihn auf den Tisch und sagte: wenn wir zurückkommen, wollen wir ihn lesen. So sind die Verlobten; Einer wie der Andre! Und heute Morgen noch feierliche Auspfändung — (wirft die Kleider von Oswald's gestrigem Kostüm von einem Stuhl auf den andern; grimmig) Alles liegt herum!

Else.

Sie sind verstimmt, Ubique.

Ubique.

Ich? Das sollte mir einfallen. Ist ja alles recht schön; ist ja immer ein fröhliches Ereigniß, wenn sich was verlobt! Und wenn man noch obendrein ausgepfändet wird, — macht sich's um so besser! (mit giftigem Humor) Hurrah, Hallelujah, jetzt besorg' ich das letzte Frühstück! — Maledetto! (Geht nach rechts ab; nimmt erst seinen Besen auf und wirft ihn wüthend ins Nebenzimmer voran.)

Else.

Guter Gott — was war das für eine Nacht! (nimmt ihren Mantel ab; trübselig) Er wird doch wohl einmal heimkommen; ich will ihn erwarten. Dieses eine Mal muß ich ihn noch sehn! (sieht ein Bild auf der Staffelei) Er hat gemalt, eh' er fortging? Eine Skizze, so hingeworfen — — Mein Gott! was ist das? Diese Skizze — bin ich? In den langen Nixen=Haaren von gestern, in meinem Masken=kleid? Aus der Erinnerung hat er das hingeworfen — Wann? Heute früh? Gott im Himmel, (glücklich=traurig lächelnd) ich, ich sein Modell!

Zweiter Auftritt.

Else, Simson.

Simson
(tritt ein, den Hut auf dem Kopf; erblickt Else von hinten).

Eine Dame? — Wer ist diese Dame, mit diesem reizenden Wuchs? *(Tritt vor, sodaß er ihr ins Gesicht sieht; überrascht)* Else! — Bei Gott, sie ist's. Else, wie oft wollen Sie sich verwandeln?

Else *(elegisch sanft).*

Verwundern Sie sich, Sie entlassener Bösewicht? Das strengt Sie unnütz an; schonen Sie sich. Da ich es aufgegeben habe, schlechte Bilder zu malen, und ein ganz alltägliches junges Mädchen geworden bin, so hab' ich — Oswald's weisen Rath befolgt, mich wie so ein alltägliches junges Mädchen zu kleiden. Sehn Sie, fix und fertig, wie ich da stehe — eine zweite Minerva — bin ich aus dem Haupt meines Schneiders entsprungen und in seinem Magazin verwirklicht; *(lächelnd)* Alles auf Kredit. *(seufzt)* Und nun will ich mir Mühe geben, den Menschen besser als bisher zu gefallen!

Simson
(sie mit wachsendem Wohlgefallen betrachtend).

Sie? Sich noch Mühe geben? Ich muß Ihnen sagen, Else: mir gefallen Sie schon auffallend gut. Was ist mit Ihnen geschehn? Gestern Abend romantisch wie ein Mährchen, heute Morgen allerliebst — wie die Wirklichkeit. Sind Sie etwa eine jüngere Schwester von sich? Oder wie erklären Sie mir diese Verwandlung?

Else.

Wenden Sie sich mit Ihrer Frage an den S ch n e i d e r — nicht an mich. Ich bin sein Geschöpf —

Simson *(phlegmatisch).*

Unsinn! Das ist's nicht allein. Mit Ihrer verwünschten Erfindung vom „sächlichen Geschlecht", mit Ihrer schauderhaften Selbstentstellung haben Sie uns zu dummen Jungen gemacht, die nicht mehr sahn, was sie sahn! Sie sind etwas ganz Apartes, Else; wenn Ihre

Nase auch nicht die schönste ist — Wissen Sie, wie Sie aussehn? Wie Eva, die eben aus ihrem Rippenschlaf erwacht: so träumerisch interessant. (drückt ihre Hand) Sie waren immer ein guter Kerl, Else: wie sind Sie nur auf einmal so ein nettes Frauenzimmer geworden?

Else (sieht ihn groß an; für sich).

Fängt **Der** a u ch so an? (macht sich los; laut) Einem Frauenzimmer drückt man nicht so die Finger, lieber Simson; das thut dem Frauen=zimmer weh. Starren Sie mir doch nicht so polizeilich ins Gesicht, wie wenn ich gestohlen hätte! Ich werde gehn —

Simson.

Else, gehn Sie doch nicht! Warum —

Else.

Ubique ruft nebenan; wir haben zu thun. (mit Betonung) Sie dürfen h i e r bleiben, Simson! (Nach rechts hinaus.)

Dritter Auftritt.

S i m s o n, später O s w a l d.

Simson (ihr nachsehend).

„Sie dürfen hier bleiben, Simson"; — das ist liebenswürdig und deutlich. — Bei Gott, sie ist allerliebst! — Und das hat man nun Jahre lang für eine Art von Jungen, für eine Uebergangsform, für ein selbstverständliches Naturereigniß gehalten. Mensch sein heißt blind sein! (nachdenklich) Daß dieses Mädchen zum Beispiel auch g e h e i r a t h e t werden könnte, daran hab' ich nie mit einem Gedanken gedacht. Kann sie geheirathet werden? Allerdings; so gut wie Eine; ohne Besinnen. — Nun denn, warum heirathet man sie nicht?

Oswald
(tritt hinten ein, überwacht und verstört; vor sich hin).

So ruhelos umherzulaufen — das ist auch nichts. Mir ist so gränzenlos melancholisch zu Muth; ich mag nicht denken, warum! (Wirft Hut und Mantel ab.)

Simson.

Sieh da, Oswald! — Du kommst mir gerade Recht. Schau mich an: ich stehe hier mit einer Frage an das Schicksal.

Oswald (mühsam).

Was für einer Frage?

Simson.

Du hast dich verlobt, Oswald (Oswald fährt zusammen); das läßt meinen Ehrgeiz nicht schlafen. Ich komme doch auch in die Jahre; und Leute von meinem Temperament, sagt man, werden die prächtigsten Hausväter. Du weißt, über die Liebe denk' ich wie ein Philosoph: je weniger Lärm im Hause (an sein Herz klopfend), desto besser. Gemüthlichkeit ist die Hauptsache! — Mit solchen Grundsätzen, glaub' ich, sollte man heirathen.

Oswald.

Du heirathen? Wen?

Simson.

Eben dieses „Wen" wollt' ich dir unterbreiten; denn gewissermaßen hast du doch auch eine Stimme dabei. Da du so eine Art Bruder von ihr bist —

Oswald.

Von ihr? Von wer?

Simson.

Von Else. — Was machst du für ein Gesicht? Ist dir der Gedanke so schreckhaft? Mein Guter, du kennst sie nicht; sie ist eine über Nacht aufgeblühte Blume —

Oswald (fassungslos).

Du sie heirathen, sagst du?

Simson (etwas zurückweichend).

Um Gottes willen keine Aufregungen; das kann ich nicht leiden. Ja, allerdings denke ich sie zu heirathen — wenn sie mich will. Sie wird die beste Hausfrau, dafür steh' ich dir ein! Und in ihrer neuesten Metamorphose —

Oswald (tritt hart vor ihn hin).

Simson!

Simson.

Was?

Oswald.

Du wirst sie nicht heirathen!

Simson (sieht ihn befremdet an).

Nicht? — Warum nicht? (Oswald starrt, sich auf die Lippe beißend, stumm vor sich hin.) Mein Lieber, du verlobst dich Abends um zehn, und mir willst du's am hellen Vormittag verwehren? — Du bist sonderbar —

Oswald (sucht sich zu fassen).

Ja — das mag wohl sein. — Was geht auch Else mich an?

Simson.

Eben das wollt' ich sagen: was geht Else dich an? Wenn sie und ich es mit einander wagen wollen — (Sieht Plato eintreten, bricht ab.)

Vierter Auftritt.

Die Vorigen, Plato.

Plato
(tritt rechts in die Thür, in Malerrock und Hausschuhen; spricht zurück, zart und galant).

Sie brauchen Ihrem Sklaven nur zu befehlen, Else; wenn Sie mich rufen, helf' ich Ihnen sogleich! (tritt vor; für sich, seufzend) Es ist unbegreiflich, wie nett, wie reizend sie ist!

Simson.

Schau diesen Plato an, wie verklärt er aussieht: wie sich Sonnenschein und Mondschein auf seinem holden Angesichte streiten! — Ich wette, er ist schon wieder einmal verliebt.

Plato (etwas verschämt lächelnd).

Nun, und wer wollte mich hindern? — Uebrigens (seine beiden Hände in die Hosentaschen steckend, sich auf den Beinen wiegend) ich wollte dir eine

Nachricht bringen, Oswald: ich komme mit einem sehr angenehmen Erfolg. Meine große Kunstvereins=Schwarte, meine „Schafe im Sturm" haben sich verkauft. So eben schickt mir der Sekretär diese Nachricht — Nicht wahr, die Nachricht ist gut.

Oswald.

Ich gratulire.

Plato (lächelnd).

Jetzt bin ich, so zu sagen, ein wohlhabender Mensch, eine Miniatur=Ausgabe von einem Millionär; (mit verschämtem Stolz) kann sogar heirathen, wenn ich will. (sich auf dem Absatz drehend) Und wer weiß, was ich thue.

Simson.

Heirathen? Du auch?

Plato.

Mit dir, kalter Spötter, will ich nicht drüber reden; ich halte dich für abwesend, spreche nur an Oswald hin. (sich an Oswald's Arm hängend, halblaut) Oswald, schau! Was ich dir sagen wollte, da ich so schmählich vergnügt bin: ich hab' eigentlich im Stillen schon lange aufs Heirathen speculirt — wenn ich nur fünf= bis siebenhundert Gulden hätte, um meine zweijährige Schneiderrechnung zu bezahlen und ein kleines Nest zu möbliren. Das Geld ist jetzt da; — und der „Gegenstand" auch. Und wenn ich in Mode komme, — von zwanzig Schafen und Kühen jährlich kann ich uns ernähren. (lächelnd) Und mehr Schönheit, als sie hat, braucht sie als Thiermalerin nicht! Kurz, wenn sie mich wollte —

Oswald.

Sie! Welche Sie?

Plato.

Welche Sie? (weich) Ach Gott — ein gutes, vortreffliches, edles junges Mädchen, das du auch sehr gut kennst — und das du nicht kennst, denn es sind wunderbare Verwandlungen mit ihr vorgegangen — — Nun, also die ist es. Und ich möchte dich bitten, Oswald, sie einmal diplomatisch zu fragen, ob sie sich für den Thiermaler Plato ein wenig begeistern könnte.

Oswald.

Ich soll sie fragen? Wen?

Plato.

Unsre „kluge Else". — Was ist dir?

Oswald.

Ist heut' Alles von Sinnen? Du? du auch?

Plato.

Ich auch? Was heißt das?

Oswald.

Das heißt, daß ihr mich rasend machen wollt — daß ich es nicht dulde — daß — — Heiliger Gott! (Sieht Else eintreten, steht in tiefster Verstörung da.)

Plato.

Ich verstehe dich nicht!

Fünfter Auftritt.
Die Vorigen, Else.

Else
(kommt von rechts, trägt eine Platte mit kalten Speisen und einem Krug Bier; ihre Beklommenheit bekämpfend).

Sie, Plato, noch hier? Draußen verlangt man leidenschaftlich nach Ihnen: ein Amerikaner von sechs Schuh Länge, der Ihre „Schafe im Sturm" gekauft hat; er will Sie um jeden Preis sehn.

Plato.

Mich um jeden Preis sehn? Das Vergnügen kann er billig haben —

Else.

Er will wahrscheinlich auch noch eine Lämmerheerde; also eilen Sie! Seine lange Oberlippe lächelte wie die Oberlippe eines Millionärs —

Simson (springt auf).

Der Mann interessirt mich! Ich gehe mit, ich führe ihn in mein Atelier, zeige ihm meine Reste! (neben Oswald, leise) Was dieses nette Mädchen da betrifft, klopf' einmal auf den Busch — (Geht zu Else, küßt ihr rasch die Hand, eilt dann hinaus. Sie sieht ihm verwundert nach.)

Plato
(auf Oswald's andrer Seite, leise).

Sag' ihr, Oswald, was ich für sie fühle!

Oswald (in Qualen, halblaut).

Alles, Alles — gewiß!

Plato.

Wenn ich noch diese Lämmerheerde fange, sitze ich in der Wolle! (küßt Else'n gleichfalls die Hand) Leben Sie wohl, Else; als glücklicher Schäfer komme ich zurück! (erschrocken) Halt! Simson schon draußen! — Simson! (Läuft ihm nach hinten nach, läßt die Thür etwas offen.)

Sechster Auftritt.

Oswald, Else.

Oswald (nach einer Pause, mühsam).

Else!

Else
(hat mittlerweile den Tisch theilweise abgeräumt und das Frühstück darauf gestellt).

Oswald?

Oswald.

Wie kommt es, daß du heute Ubique spielst? Du als mein Ganymed —

Else.

Verzeih! Ich habe Ubique fortgeschickt und dafür seine Hantierung übernommen —

Oswald.

Fortgeschickt? Wohin?

Else (etwas verlegen).

Das will ich dir sagen: zur Bank. — Oswald! Hör' mich an, laß mich ausreden. In deiner stolzen, stummen Art hast du's dahin kommen lassen, daß sie dich auspfänden, ohne uns ein Wort davon zu sagen; — das war vielleicht sehr groß, aber nicht sehr schön. Wenn wir dir nicht helfen sollen, wer denn sonst? — Plato, Simson, mein Bruder sind freilich drei arme Kirchenmäuse; aber ich — das weißt du — habe ein kleines Kapital. Auf der Bank. Und das — brauch' ich nun weniger als je! Von den Zinsen hab' ich bisher meine Goldrahmen und meine Farben bezahlt; Gott sei Dank, mit dieser kostspieligen Liebhaberei bin ich zu Ende. Und so hab' ich nun Ubique auf die Bank geschickt — und du wirst meine alten Russen, zweite Serie, von mir zu leihen nehmen und deine Schulden bezahlen!

Oswald (gerührt).

Else — (dann plötzlich mit dem Fuß aufstampfend) Else! Wollt ihr alle mich martern? Du — du —

Else (erschrocken).

Nun, ich? — Wenn du's von mir, deiner — Schwester, nicht annehmen willst —

Oswald.

Von keinem Menschen auf der Erde weniger, als von dir! (Sie starrt ihn betroffen an; er wendet sich ab; seine Stimme dämpfend) Laß es gut sein; ich danke dir für den Willen. Ich habe nun einmal so eine Art von Stolz — da ist nichts zu machen. (da sie sprechen will, heftiger) Wir reden kein Wort mehr davon, oder ich gehe auf der Stelle durch die Thür da hinaus! (Sie sieht bekümmert vor sich hin; Pause.) Uebrigens hab' ich eine Neuigkeit für dich: daß man — dich heirathen will. — Verwundert dich das? Zwei Anträge auf einmal: also die Qual der Wahl. Simson der Kolorist, Plato der Thiermaler —

Else.

Du scherzest?

Oswald.

Nie in meinem Leben war mir ernsthafter zu Muth! — Sie begehen beide das Verbrechen, das i ch gestern beging: sie finden dich —

liebenswerth. Reizend. (dumpf) Ich darf's ja nun sagen — denn ich bin ja verlobt!

Else (mühevoll).

Das bist du; freilich! — Und ich habe dir noch nicht einmal gratulirt.

Oswald.

O bitte, es eilt nicht!

Else.

Doch: es eilt; denn ich kam ja hierher, dir Adieu zu sagen: heute Nachmittag reis' ich ab. (sucht zu lächeln) Auf die beiden freundlichen Menschen, die mich heirathen wollen, reflectire ich nicht! Aber meine Tante in Frankfurt — die findet mich gleichfalls „liebenswerth", wie es scheint: sie hat so sehr danach verlangt, mich um sich zu sehn. Und da ich ja doch das Pinseln aufgegeben habe — und sie für mich sorgen will — und —

Oswald.

Else!

Else.

Was?

Oswald.

Das ist wunderbar! Gestern erst hat mir dein Bruder einen Brief von dieser Tante gezeigt: einen Brief, worin sie sich freut, daß ihr Geschwister ein so schönes Leben mit einander führtet, daß du so glücklich sei'st. Von Verlangen nach dir stand in dem Briefe nichts!

Else (beschämt).

So?

Oswald.

Ja.

Else.

Nun — dann hab' ich gelogen. Verzeih mir's; (mit Empfindung) ich glaube, es ist das erste Mal, Oswald, daß ich dich belog!

Oswald.

Warum thatest du's?

Else.

Warum? — Ich weiß nicht. Ich — (fängt an zu weinen; erschrickt, fährt sich rasch mit der Hand über die Augen.)

Oswald.

Else! warum willst du mich verlassen?

Else.

Mein Gott, wundert dich das? Wenn du jetzt heirathest, wird doch Alles ganz anders — zwischen dir und mir. Und das — das — ich denke mir, Oswald, das ertrüg' ich nicht! (Beginnt heftig zu schluchzen, legt sich beide Hände vors Gesicht.)

Oswald (tief erschüttert).

Else! Und du denkst, ich ertrüg' es, ich ohne dich? (Will ihre Hände ergreifen, besinnt sich, tritt verstört zurück. Nach einer Pause, halblaut zwischen den Zähnen) Doch ja wohl — du hast Recht. Ich fühl's. Ja, bei Gott, du mußt fort; du oder ich!

Else.

Was sagtest du?

Oswald (nach Fassung ringend).

Nichts — nichts, das der Mühe verlohnte. Heute Nachmittag willst du fort — nach Frankfurt am Main — So sagtest du, wie ich glaube!

Else.

Ja, Oswald; so sagt' ich.

Oswald.

Und wann man dich wiedersieht — das wissen wir nicht.

Else (ein Lächeln erzwingend).

Das erfahren wir seinerzeit!

Oswald.

Gewiß; gewiß. Es ist nur — daß ich diese Skizze da begonnen habe — heute früh: nun steht sie so unfertig da. Dieses kleine, farbige Angedenken hätte ich gern von dir! Willst du mir eine halbe Stunde schenken, Else, daß ich den K o p f wenigstens vollende?

Else
(immer mit ihrer Bewegung kämpfend).

Lieber Gott! Was willst du mit diesem Gesicht?

Oswald (zur Palette greifend).

Wenn's meinen eigensinnigen — Maler=Augen gefällt? — (Geh; setz' dich hierher.

Else.

Ohne das Kostüm — ohne die Nixen=Haare?

Oswald.

Die denke ich mir hinzu, — geh' es wie es will.

Else (setzt sich; mit zitternder Stimme).

Oswald! es treibt dich noch nicht zu deiner Braut?

Oswald (finster).

Noch nicht! — — Bitte, bitte, den Kopf etwas mehr nach rechts; nun sieh mich an. Ja, ja, das ist gut. In dieser Beleuchtung ein malerischer Effekt. (malend) So halte ein wenig still!

Else (für sich).

O mein Gott, wie mir ist: ich gemalt — ich von ihm!

Oswald (seine Rührung bekämpfend).

Du bist bleich, Else; bleicher, als ich dich mir heute Morgen gedacht. (eifrig die Farben auf der Palette mischend) Ich muß einen kälteren Ton nehmen; dieser hier ist zu warm.

Else (sucht zu lächeln).

O weh; bin ich so blaß? — Da wirst du mehr Blau, mehr Kobalt hineinmischen müssen; und viel Weiß.

Oswald (malt).

Diese Lackfarbe von heute früh kann ich nicht mehr brauchen; die muß überschummert werden. (für sich) Wie rührend sie dasitzt; — Gott, ich halt' es nicht aus!

Else.

Was hast du?

Oswald.

Nichts, o nichts; — mir fehlt nur der Kobalt auf der Palette: ich hol' ihn. (Tritt an den Tisch, drückt aus einer der Farbenblasen Farbe auf die Palette.)

Else.

Du hast noch nicht gefrühstückt; dich wird hungern. Iß; ich warte.

Oswald (kommt zur Staffelei zurück).

Eine todte Fliege kann nicht weniger Appetit haben als ich! (mühsam) Else — sieh mich an —

Else (ebenso).

Gewiß; (mit künstlichem Lächeln) das ist ja in diesem Augenblick meine heiligste Pflicht.

Oswald.

Diese treuen, lieben, — holdseligen Augen! — O Else —

Else (erschrocken).

Was willst du?

Oswald (sich wieder besinnend).

Ich? — Nur sagen, daß — (beugt sich über sie) daß dein linkes Auge etwas anders geformt ist als das rechte; — ich hatte es nie bemerkt.

Else
(sich still in Kummer auflösend).

Ach, ich wollte, meine Augen wären geformt, wie es ihnen gefällt — (für sich) und ich wäre todt!

Die Maler.

Siebenter Auftritt.

Die Vorigen, Leonore; später Blume.

Leonore
(ist schon vor einiger Zeit hinten in die halboffene Thür getreten, die Beiden mit Befremden betrachtend; ein Bedienter wird hinter ihr sichtbar. Endlich tritt sie vor, schließt die Thür).

In der That, Künstler, Genie's sind andre Leute als wir sterblichen Menschen! Da sitzt der Meister am Morgen nach der — Verlobung und malt in zärtlichem Tête-à-tête eine blasse, schöne junge Dame — (erkennt nun erst die aufgestandene Else) Was ist das? Diese junge Dame und Fräulein Else — sind Eine Person? (vor Oswald hintretend, halblaut) Und diesen wundersamen, ausgekrochenen Schmetterling nannten Sie gestern ein Mädchen, „das für Sie keines ist"?

Oswald (in Verwirrung und Unmuth).

Ich bitte Sie, Leonore —

Leonore.

Ei ei, was man entdeckt! (in etwas eifersüchtiger, tragischer Heiterkeit) Gott im Himmel, an was für einem Abgrund bin ich da hingegangen — (da Else sich entfernen will) Bitte, bleiben Sie! bleiben Sie! Ich wünsche kein Tête-à-tête mit diesem bleichen Mann — kam nur um zu fragen, ob man mich und meine Mutter begleitet — (immer Else betrachtend) doch nun find' ich hier freilich ein höchst anziehendes Räthsel, das man erst lösen muß! Das ist also die „Schwester" — die Gouvernante von gestern —

Oswald.

Wenn Sie die Absicht haben, dieses Mädchen zu kränken —

Leonore.

Bitte, bitte; nur ein wenig Geduld! (für sich, fast gerührt) Gott, wie unschuldig sie dasteht! — — Fassen wir uns groß — fassen wir uns mit Humor! (laut, mit verdeckter Heiterkeit) Das also ist die gute, stille Seele, in deren Armen ich gestern meine — meine ganze Narrheit gestand! Und da saß sie jetzt wie ein verliebtes Veilchen, sah ihm in die Augen — und er ihr — und ihre Herzen weinten gegen einander —

Oswald (in wachsendem Unwillen).

Leonore!

Leonore.

Mein Freund!

Oswald.

Dieses Mädchen — das an mir gehangen hat mit der goldensten Seele — das sich opfert und opfert — das für immer davongehn will um Ihretwillen —

Else.

Oswald! bist du still?

Leonore (zu Oswald).

Ei, was Sie mir da alles sagen — und wie Sie's sagen — — Höchst interessant!

Else (ihre Thränen bekämpfend, stolz).

Ich danke Ihnen für Ihren guten Willen, mich zu beschämen, gnädige Frau! — Einer verwöhnten schönen Dame muß man wohl Manches verzeihn! (will gehn) Leben Sie wohl; ich will Ihren schönen Augen nicht länger im Wege stehn. Nehmen Sie ihn — nehmen Sie ihn hin — und machen Sie ihn glücklich!

Leonore (ihr nach; führt sie zurück).

Halt! So tragisch hinaus? Ins Wasser — oder wohin? — Nehmen Sie mich wenigstens mit: ins Wasser muß ich ja auch. (Else starrt sie an.) Ich bin ja seit heute Nacht das Mährchen der ganzen Stadt! Einen Bräutigam weggeworfen wie einen alten Handschuh — einen zweiten hinter diesem Wandschirm gefunden, und vor diesem Bildniß verloren - (Bewegung von Oswald und Else) ja, verloren — und nun kann ich lange warten, bis der dritte sich findet!

Blume
(tritt hinten ein, bleibt melancholisch stehn, Oswald und Leonore anblickend; seufzt).

Ah! — Ich sehe — was ich sehe.

Leonore.

Bitte, lieber Blume! wollen Sie noch ein paar Minuten lang schweigend sehn, was Sie sehn, und still sein wie das Grab? (tritt zu

Oswald; halblaut) Wie man sich täuschen kann! Ich wollte mit Ihnen in die Dardanellen springen, und Ihr sanftes, bürgerliches Herz seufzte schon im Stillen nach so einer kleinen Frau! — — Mein armer Freund, ich muß Ihnen noch ein Geständniß machen, Ihre geniale Eitelkeit verwunden: seit Sie mir die Ehre erwiesen, sich mit mir zu verloben, (naiv lächelnd) war's für mich mit dem ganzen Zauber vorbei. Eine **romantische Tragödie** hätt' ich mit Ihnen gespielt — für's **bürgerliche Schauspiel** kann ich Sie nicht brauchen! — Ihnen das zu sagen, kam ich her —

Oswald (halblaut).

Und Sie sagen es so **heiter** — (aufathmend, mit Humor) Gott sei Dank, gnädige Frau!

Leonore (lächelnd, laut).

Ja, Gott sei Dank, ich habe wieder meinen Humor; dieser schwere, ernsthafte Fiebertraum von gestern ist zu Ende! Ich bin genesen — (halblaut) **ganz, für immer genesen!**

Oswald (galant).

Bei Ihren schönen Augen — ich auch!

Leonore (halblaut).

O, Sie hatten Recht: jenes „pikante Buch" von gestern war doch recht enttäuschend; drum hab' ich es zugeklappt, (mit einem unwillkürlichen Blick auf Blume) und nehme ein anderes zur Hand! Gott sei Dank, die Welt ist ja eine große Bibliothek! (laut, mit Humor) Leben Sie wohl — Meister und Meisterin! (mit ihrem freundlichsten Lächeln) Mein lieber Blume, begleiten Sie mich; geben Sie mir Ihren Arm!

Blume.

Ich? Bis in den Tod!

Leonore
(an Blume's Arm hinaus).

Achter Auftritt.

Oswald, Else; später Simson, Werner, Plato.

Oswald (sieht ihnen nach; lächelnd).

Das war meine Frau — mir von unsrer klugen Else bestimmt!

Else (tief verwirrt).

O Oswald, sei still! — Ich bin schon längst die kluge Else nicht mehr!

Oswald.

Nein; du hast Recht. Keine Schwesterseele: ein vor sich selber zitterndes, holdseliges Weib — — Else! Else!

Else.

O still! — Laß meine Hand!

Oswald.

Nein, nein, nein; gieb mir die andre dazu! — Wie ein Verzauberter, Else, hab' ich unter Gottes Himmel gesucht und gesucht, wo nicht zu finden war: Irrlichtern nachgejagt, nach Sonne und Mond gegriffen — und den goldenen Stern des Glücks nicht gesehn, der mir vor Augen stand! — O du meine Else! Wenn du aus deiner eigenen Künstler=Werkstatt trauernd entfliehst — willst du in dieser Werkstatt Seele und Sonne sein?

Else.

Gott im Himmel!

Oswald.

Else! Mein Weib!

Else (sich erschrocken losmachend).

Dein Weib! Nie, nie, nie! Unmöglich!

Oswald.

Wenn du mich lieb haben kannst — (Stimmen draußen; er verstummt.)

Werner.

Hinein zu Oswald: hören wir, was es giebt!

Else.

Sie kommen — Ich sterbe! (Flüchtet in eine Ecke, nach hinten, legt sich beide Hände vors Gesicht.)

Oswald.

Else! (Will ihr nach. Simson, Werner, Plato treten hastig von hinten ein, Werner voran und auf Oswald zu.)

Werner.

Junge, was ist mit dir: warum hören wir von Euer Gnaden kein Wort? Was ist mit dem Kunstverein, was ist mit dem Brief?

Oswald.

Mit welchem Brief?

Werner (nach dem Tisch blickend).

Nun, mit dem Brief, der da liegt — vom Kunstverein! Dein großes Bild, sagen sie, sei verkauft —

Simson
(sich mit Werner und Plato um Oswald drängend, der den Brief öffnet).

Lies, rede und sprich!

Oswald.

Das ist teuflisch — bei Gott!

Plato.

Was ist's? Was ist's?

Oswald.

Das Bild von „Friedrich Müller", mein pseudonymes Bild —

Werner.

Nun ja! Verkauft?

Oswald.

Gekauft von — Sandberg! Von diesem Menschen gekauft! (Bewegung von Else.) Mein Gläubiger bezahlt meine Schulden; mit der Pfändung ist's aus!

Simson (lachend).

Das nenn' ich noch einen Mäcen; — es lebe die Liebe zur Kunst! (links neben Oswald, halblaut). Du! Und wie steht's nun mit Else?

Plato (rechts neben Oswald, desgleichen).

Hast du gesprochen, Oswald?

Oswald (laut).

Ja, ich habe gesprochen! (zu Simson) Sie meint, für deine koloristischen Bedürfnisse sei sie zu kalt im Ton; (zu Plato) und du solltest lieber fortfahren, platonisch zu lieben: das sei dein Beruf!

Simson.

So! — Und wen will sie denn?

Oswald (halb zurückblickend).

Keinen von dieser Welt! Ich wüßte wohl Einen, der sie von Herzen liebt: doch sie will ihn ja nicht. (Else tritt unwillkürlich näher, hebt ihm die Arme entgegen.) Kommt, gehn wir zum Frühstück, trinken wir noch ein Glas: ich sage Deutschland Valet, morgen früh reis' ich nach Italien ab!

Else (stürzt hervor).

Nein, nein, nein! Nicht nach Italien!

Werner.

Oho! Was ist das?

Oswald
(noch immer in seiner gespielten Ruhe).

Wolltest du etwa mich halten?

Else.

Ja — ich halte dich fest! Mögen sie alle über mich lachen, wie sie können: ich habe dich lieb, und ich will dich nicht lassen!

Oswald.

Else! mein Weib!

Else (ihn umschlingend).

Dein Weib!

Simson.

Gott in der höchsten Höhe, sie umarmen sich!

Else (sich zu den Andern wendend).

Freunde — Bruder — himmlischer Vater — verzeiht mir: ich heirathe! (Wirft sich an Oswald's Brust.)

(Der Vorhang fällt.)